"十四五"职业教育国家规划教材

会计基本技能

主 编 刘百芳

北京理工大学出版社
BEIJING INSTITUTE OF TECHNOLOGY PRESS

版权专有　侵权必究

图书在版编目（CIP）数据

会计基本技能 / 刘百芳主编 . —北京：北京理工大学出版社，2023.7 重印

ISBN 978-7-5682-7044-1

Ⅰ.①会… Ⅱ.①刘… Ⅲ.①会计学-中等专业学校-教材　Ⅳ.①F230

中国版本图书馆CIP数据核字（2019）第090382号

出版发行 / 北京理工大学出版社有限责任公司
社　　址 / 北京市海淀区中关村南大街5号
邮　　编 / 100081
电　　话 /（010）68914775（总编室）
　　　　　（010）82562903（教材售后服务热线）
　　　　　（010）68944723（其他图书服务热线）
网　　址 / http://www.bitpress.com.cn
经　　销 / 全国各地新华书店
印　　刷 / 定州启航印刷有限公司
开　　本 / 787毫米 × 1092毫米　1/16
印　　张 / 11.5
字　　数 / 273千字
版　　次 / 2023年7月第1版第4次印刷
定　　价 / 33.00元

责任编辑 / 张荣君
文案编辑 / 代义国
责任校对 / 周瑞红
责任印制 / 边心超

图书出现印装质量问题，请拨打售后服务热线，本社负责调换

前 言
PREFACE

　　《会计基本技能》是职业教育会计及会计电算化专业学生必修的一门专业核心课，也是学生必须掌握的一门技能操作课程。众多的会计毕业生所具备的会计基本技能不能很好地满足会计岗位需要，典型的表现就是"写不好，算不准，点不清"。为了有效解决这一问题，本教材以会计职场所需的基础知识和基本技能为主线，介绍了会计书写规范、点钞与识别技能、会计办公设备操作技能、票据的填写和财务印鉴的使用等，设计了会计资料的整理和归档、初级会计电算化知识、计算机开票和网上报税等会计职业技能和任务，力求全面提高学生的职业技能与综合素质，从而达到会计核算各岗位的上岗要求。

　　本书注重内容和体系的创新，编写体系加入了"提示""想一想""知识链接"等板块，编写内容通俗易懂、图文并茂，对每一种点钞的方法配合实图展示，便于学生掌握每一个动作要领。本书在内容上划分为八大项目，在体系上具有系统、完整、灵活和综合的特征，每一项目后配备了针对性较强的习题，注重实操和实用。党的二十大报告指出："全面贯彻党的教育方针，落实立德树人根本任务，培养德智体美劳全面发展的社会主义建设者和接班人。"本书在为学生传授专业的知识与技能的同时，促进学生树立职业道德的意识，形成正确的职业思维理念。本书既可作为中等职业学校的教材，也可作为高职院校与社会相关行业职业培训的教材。

　　课时数分配建议：项目一，会计书写规范4课时；项目二，点钞与识别技能6课时；项目三，会计办公设备操作技能12课时；项目四，票据的填写8课时；项目五，财务印鉴的使用8课时；项目六，会计资料的整理技能14课时；项目七，初级会计电算化技能10课时；项目八，计算机开票及网络报税技能12课时，总课时数为74课时。

　　在编写过程中，参考了一些专家学者的研究成果和文献资料，在此表示诚挚的谢意。由于编者水平所限，书中疏漏在所难免，敬请读者提出宝贵意见，以便及时修改和完善。

目录 CONTENTS

项目一　会计书写规范 ·········· 1
　任务一　会计书写总体规范 ·········· 2
　任务二　会计数字的书写 ·········· 4
　任务三　会计文字的书写 ·········· 6

项目二　点钞与识别技能 ·········· 11
　任务一　点钞技能 ·········· 12
　任务二　真伪钞票识别技能 ·········· 24

项目三　会计办公设备操作技能 ·········· 27
　任务一　电子计算器的使用技能 ·········· 28
　任务二　计算机小键盘的应用 ·········· 31
　任务三　电子收银机的应用 ·········· 33
　任务四　网上银行的应用 ·········· 37
　任务五　传票翻打技术 ·········· 58

项目四　票据的填写 ·········· 64
　任务一　票据介绍 ·········· 65
　任务二　日期和数字的填写 ·········· 72

项目五　财务印鉴的使用 ·········· 83
　任务一　印章和印鉴的使用 ·········· 85
　任务二　财务印章的管理 ·········· 91
　任务三　电子印章 ·········· 96

项目六　会计资料的整理技能 ········· 101
任务一　会计资料的整理 ········· 103
任务二　会计凭证的整理和归档 ········· 104
任务三　会计账簿的整理和归档 ········· 119
任务四　财务报告和其他会计资料的整理和归档 ········· 137

项目七　初级会计电算化技能 ········· 147
任务一　会计电算化基础知识 ········· 148
任务二　会计电算化工作环境 ········· 153
任务三　会计电算化软件的应用 ········· 160

项目八　计算机开票及网络报税技能 ········· 165
任务一　计算机开票 ········· 166
任务二　网上报税 ········· 171

参考文献 ········· 176

项目一

会计书写规范

✏ 知识目标

- 了解会计书写规范的必要性。
- 掌握阿拉伯数字、中文大写数字的规范书写及错误更正方法。
- 熟练掌握大、小写金额书写技能及错误更正方法。

✏ 技能目标

- 掌握会计书写总体规范。
- 熟练掌握会计数字的书写。
- 掌握会计文字的书写。

✏ 素质目标

要求学生具有严谨、踏实、肯干、吃苦的作风,富有进取心和主人翁意识,为人诚实且有担当等良好的职业品质。

项目一 会计书写规范

知识导图

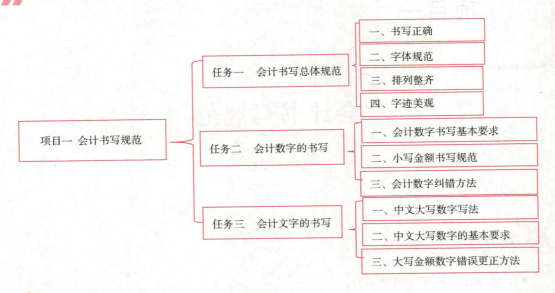

引导案例

关于在书写小写账簿金额时，货币符号的正确运用。

职员 A 认为：货币符号与阿拉伯金额数字之间不允许留有空白。

职员 B 认为：货币符号与阿拉伯金额数字之间可以留有空白。

职员 C 认为：货币符号既表示货币的币制，又表示货币的单位；货币符号与阿拉伯金额数字之间不允许留有空白，以防金额数字被人涂改；在填写票证（如发票、支票、存单等）和编制记账凭证时必须添加货币符号，但在登记账簿、编制报表时，一般数字前不再使用货币符号；在没有位数分隔线的凭证、账、表上，所有以元为单位的阿拉伯数字，除了用于表示单价等情况外，一律写到角、分；在有位数分隔线的凭证、账、表上，对应固定的位数填写，不需要加小数点和分节号，不允许错位。

思考： 如何正确运用货币符号？

任务一　会计书写总体规范

财会书写规范是对企业财会事项书写时采用书写工具、文字或数字、书写要求、书写方法及格式等方面进行的规范。会计数字的书写是会计人员的一项基本功。财会人员在填制会计凭证、登记会计账簿、编制会计报表、撰写会计报告说明时都需要财会书写。财会文字和数字书写规范是会计的基础工作标准，直接关系到财会工作质量的优劣和财会管理水平的高低，以及会计数据资料的准确性、及时性和完整性。会计工作常用的数字书写有两种：一种是阿拉伯数字；一种是中文大写数字。通常将用阿拉伯数字表示的金额数字称为"小写金额"，用中文大写数字表示的金额数字称为"大写金额"。大写金额主要用于有价证券及会计凭证，小写金额则主要用于会计账簿和会计报表。书写正确，字体规范，排列整齐，字迹美观是财会工作对书写的基本要求。

一、书写正确

书写正确是指对业务发生过程中的数字和文字要准确、完整地记录下来。这是书写的基本前提，也是财会书写最基本的规范要求。

> **想一想**
> 为什么会计的金额数字既有大写金额又有小写金额？

二、字体规范

字体规范是指对有关经济活动的记录书写一定要符合财会法规和会计制度的各项规定，符合对财会人员的要求。无论是记账、核算，还是分析、编制报表，都要书写规范、数字准确、文字适当、分析有理，要严格按照书写格式书写，文字以国务院公布的简化汉字为标准，数码字按规范要求书写。

> **知识拓展**
>
> 会计核算形式的种类：由于各单位的规模大小、经济业务和管理要求的不同，在选用会计核算形式时不能强求一律。根据具体登记会计总分类账的依据和方式的不同，形成了以下5种会计核算形式。
> （1）记账凭证会计核算形式。
> （2）科目汇总表会计核算形式。
> （3）汇总记账凭证会计核算形式。
> （4）多栏式日记账会计核算形式。
> （5）日记总账会计核算形式。

三、排列整齐

排列整齐是指字迹清楚，容易辨认，账目条理清晰，使人一目了然，并且账面干净、清洁，文字、数码字、表格条理清晰，整齐分明。

> **知识链接**
>
> 账目与帐目：
> 目前的通用法是：凡是表示往来款项的，一律用贝字旁的"账"；表示记账的本子、册子等有形的载体，可用"帐"，也可用"账"。"帐簿"和"账簿"可通用，"台帐"和"台账"可通用。

项目一　会计书写规范

四、字迹美观

字迹美观是指结构安排合理，字迹流畅、字体大方。

任务二　会计数字的书写

一、会计数字书写基本要求

对数字书写的基本要求是正确、整齐、清楚。写在单据、账簿、报表的会计数字必须正确、整洁、规范，不能模糊不清，难以辨认。在会计工作中，尤其是记账过程中所写的阿拉伯数字与数学和汉文字中的书写方法并不一致，也不相同。会计数字的书写要求规范化，并保持个人独特的字体，以防模仿。按照规范化要求书写的会计数字既能使账证、报表一目了然，便于汇总和分析，又能防止被人篡改，是我国财经工作者应掌握的基本功。

数字的书写，即阿拉伯数字的书写。阿拉伯数字是国际上通用的一种数字计数符号，也称"公用数字"，由"0、1、2、3、4、5、6、7、8、9"十个数字组成。阿拉伯数字起源于印度，由阿拉伯人传向四方。书写具体要求如下。

1. 排列有序，并且数字要有一定的倾斜度

各个数字的倾斜度要一致，自右上方向左下方倾斜地写，倾斜角度一般可掌握在60°左右。

2. 书写顺序是由高位到低位，从左到右依次写出

每个数字必须紧靠底线书写，数字高度占表格高度的1/2或1/3，要为更正错误数字留有余地。

> ☞ **提示**
> 数字要用蓝黑墨水或碳素墨水书写，不得用铅笔、圆珠笔（用复写纸复写除外）书写，红色墨水只在特殊情况下使用，写支票必须用碳素笔或毛笔书写。

3. 汉字书写要规范

字型上，既不能让数字上下垂直，也不能倾斜过度，更不能左倾右斜，毫无美感。书写要流畅、自然，不死板、不做作。既不能把这些数字写成刻版划一的印刷体，也不能写成难以辨认的草率字，更不能写成五花八门的美术字。

> ☞ **知识链接**
> （1）除4和5以外，其他数字均应一笔成字，不能人为地增加或减少笔画。在会计核算和会计工作底稿上书写时，除整数部分与小数部分之间用小数点分开外，在整数部分应从低位到高位且每三位一小节用分节号分开，以便于认位和阅读；有数笔或多笔数字累计相加减时，应尽可能地保证每位纵列数字的同位数对齐。
> （2）除6，7，9外，其他数字高低要一致。"6"字要比一般数字向右上方长出1/4，"7"和"9"字要向左下方过底线长出1/4。

4. 数字书写规则

"0"字要封口，呈椭圆形，其高度、宽度和斜度与一般数字相同，不宜过小，否则易被改为 9。在连写几个 "0" 时，不能加连接线。

> **提示**
> （1）"1" 的下端应紧靠分位格的左下角，"1" 不能写得过短，必须写直，要保持倾斜度，将格子占满，以防止被改写为 "4" "6" "7" "9"。
> （2）"2" 的书写时，不能写成 "Z"，"2" 字起笔时上半圈要略大一些且底部上绕，以免被改为 "3"。
> （3）"3" 的书写时，在横向 1/2 处起笔，拐弯处书写流畅，起笔处至转弯处距离稍长，不宜过短，否则易被改成 "5"。书写 "3" 时要注意紧靠横格底线，倾斜 60°。
> （4）"4" 字的顶部不封口，两斜竖成平行线。
> （5）"5" 字分两笔流畅写出，最后一笔 "横" 要平直。
> （6）"8" 字书写时，上面要稍小，下面应稍大，注意起笔应写成斜 "S" 形，终笔与起笔交接处应成菱角，以防止将 "3" 改为 "8"。

二、小写金额书写规范

用阿拉伯数字表示的金额数字通常简称 "小写金额"。

1. 书写阿拉伯数字时，应将数字与位数结合在一起

读写的习惯顺序是由高位到低位、从左到右的。

2. 书写阿拉伯数字时，采用 "三位分节制"

节与节之间用分节号 "，" 分开或空一个位置，以便于读数和汇总工作。

例如：12 500、163 000、633 431、516 433、10 006.61、14 213 210。一般票据、凭证、账表的金额栏内印有分位格，元位前每三位之间印有一粗线代表分节号，元位与角位之间的粗线代表小数点，所以记数时无须再加分节号和小数点。

3. 正确运用货币符号

在书写小写账簿金额时，阿拉伯金额数字前应填写货币币种符号，或者货币名称简写和货币币种，如人民币应填写 "￥" 符号，美元应填写 "$" 符号，关于货币符号的使用如下。

（1）货币符号既表示货币的币制，又表示货币的单位。所以小写金额前填写了 "￥" 或 "$" 以后，金额数字之后就不必再写人民币的单位 "元" 或美元的单位 "美元" 了。例如：￥12 719.06，即为人民币壹万贰仟柒佰壹拾玖元零陆分，$24 328.12 即为美元贰万肆仟叁佰贰拾捌元壹角贰分。

> **提示**
> （1）货币符号与阿拉伯金额数字之间不允许留有空白，以防止金额数字被人涂改，如￥12 719.06 不能写成￥　12 719.06，$24 328.12 不能写成$　24 328.12。
> （2）在填写票证（如发票、支票、存单等）和编制记账凭证时必须添加货币符号，但在登记账簿、编制报表时，一般数字前不再使用货币符号。

到元为止无角分的，角分位写 "00" 或符号 "－"，如人民币叁拾陆元整，应写成 "￥36.00"，也可写成 "￥36.－"。

如果金额有角无分，分位应写 "0"，不能用符号 "－" 代替。例如：￥34 221.30 不能

写为￥34 221.3-。

(2) 在有位数分隔线的凭证、账、表上，对应固定的位数填写，不需要加小数点和分节号，不允许错位。要从最高位写起，而且后边的数字必须写完整，不能留有空格。如果角分栏无金额，应以"00"补位，也可以在角位和分位划一短横线代替。如果金额有角无分，则应在分位上补写"0"，不能用符号"-"代替。

百	十	千	百	元	角	分
		￥	8	4	1	0	0
		￥	8	4	1	—	—

正确书写

百	十	千	百	元	角	分
		￥	8	4	1		

错误书写

百	十	千	百	元	角	分
		￥	8	4	1	1	0

正确书写

百	十	千	百	元	角	分
		￥	8	4	1	1	
		￥	8	4	1	1	—

错误书写

三、会计数字纠错方法

在填制凭证和登记账簿等会计工作中，如果阿拉伯数字书写发生了错误。例如，写错数字、错行、错列或错位，就要进行更正，不允许刮擦、挖补或使用涂改液。更正时，应采用正确的更正法——"划线订正法"。在会计账簿中纠错时，还应在规定位置加盖经手人和会计机构负责人印章，以明确责任。

任务三　会计文字的书写

会计上的文字书写是指汉字书写，会计人员每天都离不开书写，不仅要书写文字，而且要书写数字，两者是相辅相成的。书写数字离不开文字的表述，文字也离不开数字的说明，只有文字、数字并用，才能正确反映经济业务。

会计人员在填制会计凭证时要写明经济业务内容，接受凭证单位名称，商品类别、计量单位，会计科目（总账科目和明细科目）及金额大写等；登记会计账簿时，要用汉字书写"摘要"栏，即会计事项和据以登账的凭证种类，如"收字""付字""转字"或"现收""现付""银收""银付"和"转"字等；编制会计报表时，撰写会计报告说明、会计分析报告及其他应用文字等，都需要汉字。所以说，文字书写在财务会计书写中具有重要作用。

会计工作对书写的基本要求是：简明扼要，字体规范，字迹清晰，排列整齐，书写流利并且字迹美观。

任务三 会计文字的书写

> **☞ 知识链接**
> （1）用文字对所发生的经济业务简明扼要地叙述清楚，文字不能超过各书写栏。书写会计科目时，要按照会计制度的有关规定写出全称，不能简化、缩写，并且子目、明细科目也要准确、规范。
> （2）书写字迹清晰、工整。书写文字时，可用正楷或行书，但不能用草书，要掌握每个字的重心，字体规范，文字大小应一致，汉字间适当留有间距。

会计人员在书写文字时，应养成正确的写字姿势，掌握汉字的笔顺和字体结构，写好规范的汉字。

一、中文大写数字写法

中文大写数字笔画多，不易涂改，主要用于填写需要防止涂改的销货发票、银行结算凭证等信用凭证，书写时要准确、清晰、工整、美观，如果写错，要标明凭证作废，需要重新填凭证。中文分为数字（壹、贰、叁、肆、伍、陆、柒、捌、玖）和数位[拾、佰、仟、万、亿、元、角、分、零、整（正）]两部分。中文书写通常采用正楷或行书。

> **☞ 提示**
> 会计人员在书写中文大写数字时，不能用０（另）、一、二、三、四、五、六、七、八、九、十等文字来代替。

二、中文大写数字的基本要求

1. 大写金额由数字和数位组成
数位主要包括：元、角、分、人民币和拾、佰、仟、万、亿，以及数量单位等。

2."人民币"字样
大写金额前若没有印制"人民币"字样的，书写时，在大写金额前要冠以"人民币"字样。"人民币"与金额首位数字之间不得留有空格，数字之间更不能留有空格，写数字与读数字顺序要一致。

> **☞ 提示**
> （1）人民币以元为单位时，只要人民币元后分位没有金额（即无角无分或有角无分时），应在大写金额后加上"整"字结尾；如果分位有金额，在"分"后不必写"整"字。例如，58.69元，写成：人民币伍拾捌元陆角玖分，因其分位有金额，在"分"后不必写"整"字。又如，58.60元，写成：人民币伍拾捌元陆角整，因其分位没有金额，应在大写金额后加上"整"字结尾。
> （2）如果金额数字中间有两个或两个以上"０"时，可只写一个"零"字。例如，金额为800.10元，应写为人民币捌佰元零壹角整。

3. 大写金额书写规则
表示数字为拾几、拾几万时，大写文字前必须有数字"壹"字，因为"拾"字代表位数，而不是数字。例如，10元，应写：壹拾元整。又如，16元，应写成：壹拾陆元整。

7

> ☞ **知识链接**
> （1）大写数字不能乱用简化字，不能写错别字，如"零"不能用"另"代替，"角"不能用"毛"代替等。
> （2）中文大写数字不能用中文小写数字代替，更不能与中文小写数字混合使用。

大写金额写法举例分析。会计人员进行会计事项处理书写大小写金额时，必须做到大小写金额内容完全一致，书写熟练、流利，准确完成会计核算工作。下面列举在书写大写金额时，容易出现的问题并进行解析。

（1）小写金额为 6500 元。

正确写法：人民币陆仟伍佰元整。

错误写法：人民币：陆仟伍佰元整。

错误原因："人民币"后面多一个冒号。

（2）小写金额为 3150.50

正确写法：人民币叁仟壹佰伍拾元零伍角整。

错误写法：人民币叁仟壹佰伍拾元伍角整。

错误原因：漏写一个"零"字。

（3）小写金额为 105000.00 元。

正确写法：人民币壹拾万零伍仟元整。

错误写法：人民币拾万伍仟元整。

错误原因：漏写"壹"和"零"字。

（4）小写金额 60036000.00 元。

正确写法：人民币陆仟零叁万陆仟元整。

错误写法：人民币陆仟万零叁万陆仟元整。

错误原因：多写一个"万"字。

（5）小写金额 35000.96 元。

正确写法：人民币叁万伍仟元零玖角陆分。

错误写法：人民币叁万伍仟零玖角陆分。

错误原因：漏写一个"元"字。

（6）小写金额 150001.00 元。

正确写法：人民币壹拾伍万零壹元整。

错误写法：人民币壹拾伍万元另壹元整。

错误原因：将"零"写成"另"，多出一个"元"。

三、大写金额数字错误更正方法

中文大写金额数字通常是在填写发票、支票等重要凭证时使用的，一旦书写有误，一般应另行填写新的凭证，写错的凭证随即注销作废，但不能随便丢弃，应当妥善保管。如因其他原因不能更换写错的凭证时，应采用"划线订正法"更正写错的中文大写数字，具体要求与阿拉伯数字的划线订正法相同。

课后练习

一、请对照范例书写以下阿拉伯数字

二、数字大小写转换练习

小写数字	大写数字
24 675	
382 607	
6 000 816	
12 345 678	
48 300	

三、大小写金额转换练习

小写金额	大写金额
¥ 18.18	
¥ 6 800 000.00	
¥ 502.05	
¥ 201 807.00	
¥ 9 706.50	

大写金额	小写金额
人民币陆佰肆拾捌元伍角贰分	
人民币伍拾元整	
人民币柒仟万元整	
人民币捌分	
人民币肆拾万叁仟零贰拾元零陆分	
人民币贰佰万零壹拾伍元伍角	

项目一　会计书写规范

四、大写日期练习

小写日期	大写日期
1月10日	
5月15日	
10月30日	
11月18日	
2016年3月5日	

五、阿拉伯数字出现错误时的更正练习

练习一								练习二							
4	5	1	9	3	0	6	7	一、67 改 54 二、32 改 96				3	2	8	5	3
	1	9	6	3	0	5	0	一、196 改 257 二、00 改 96			5	0	0	4	3	5
		7	8	4	5	7	2	一、572 改 943 二、289 改 347	8	2	8	9	1	0	0	8
			9	1	0	7		一、10 改 24 二、6739 改 9842				5	6	7	3	9
				9	0	1		一、9 改 7 二、1、3 改 2、4					1	9	6	3

六、南京市溶剂公司 2009 年 1 月库存现金和银行存款收付业务的发生额如下，试将这些金额的大小写按要求填写在下表中。

①0.08 元　②0.30 元　③6.00 元　④18.04 元　⑤790.02 元　⑥4060.50 元　⑦180003.07 元　⑧102000.60 元　⑨80001.92 元　⑩107608.20 元

大小写金额书写练习用纸

小写金额栏									大写金额栏
没有数位分隔线	有数位分隔线								
	十万	万	千	百	十	元	角	分	

项目二

点钞与识别技能

知识目标

- 掌握点钞的操作流程。
- 了解点钞的基本方法。
- 熟悉手工点钞的环节和机器点钞的程序。
- 掌握点钞技能的动作要领。
- 掌握假币的识别方法和技能。

技能目标

- 能较准确、快速地完成一整捆点钞的操作流程。
- 通过"一看、二摸、三听、四测",掌握真伪钞票识别技能。
- 能够熟练使用手持式单指单张点钞法。
- 能够熟练掌握机器点钞法。

素质目标

引导学生树立正确的人生观、价值观,培养学生爱岗敬业、任劳任怨、恪守职责的职业观。

项目二 点钞与识别技能

知识导图

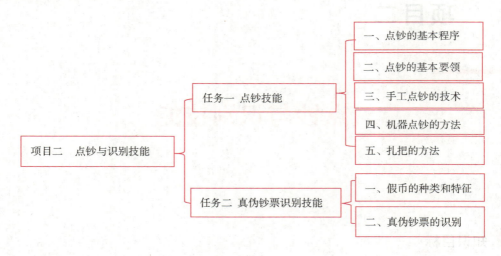

任务一 点钞技能

引导案例

在日常处理财务工作时，一个优秀的财务出纳人员不仅要拥有熟练的财务账务处理能力，还应具备娴熟的点钞与验钞技能。小杨是某高职院校财会专业的学生，她在毕业后进入了一家大型连锁超市负责出纳工作。这家连锁超市的规模很大，每天有大量人民币进账，面值为10元、20元、50元、100元，此外，还有一些零散的硬币等。每天面对大量且面额不等的现金，小杨感到很是头疼，她怎样才能够顺利地开展工作呢？她能做好出纳这项工作吗？

相信通过本任务的学习，小杨能够很好地掌握点钞与识别技能，这样就可以解决这个令她头疼的难题了。

一、点钞的基本程序

点钞是从拆把开始到扎把为止的一个连续、完整的过程。

拆把 → 点数 → 扎把 → 盖章

（一）拆把

把待点的成把钞票的封条拆掉。拆把时可将腰条纸脱去，保持其原状，也可将腰条纸用手指勾断。通常初点时采取脱去腰条纸的方法，以便复点发现差错时进行查找。

（二）点数

在点数过程中，需要将损伤券按规定标准剔出，以保证流通中票面的整洁。手点钞，脑记数，点准一百张。

（三）扎把

每把钞券清点完毕后，把点准的一百张钞票墩齐，用腰条扎紧。腰条纸要求扎在钞券的1/2处，左右偏差不得超过2cm，同时要求扎紧，以提起第一张钞券不被抽出为准。

（四）盖章

盖章是点钞过程的最后一个环节，在扎好的钞票腰条上加盖经办人名章，表示对此把钞券的质量、数量负责。图章以看得清行号和姓名为准。

二、点钞的基本要领

在人民币的收付和整点中，要把混乱不齐、折损不一的钞票进行整理，使之整齐美观。

知识拓展

> 整理的具体要求如下。
> 平铺整齐，边角无折。同券一起，不能混淆。
> 券面同向，不能颠倒。验查真伪，去伪存真。
> 剔除残币，完残分放。百张一把，十把一捆。
> 扎把捆捆，经办盖章。清点结账，复核入库。

管理会计从财务会计中分离出来，标志着现代会计的产生。为达到上述具体要求，应做到以下几点。

（一）坐姿端正

项目二 点钞与识别技能

点钞的坐姿会直接影响点钞技术的发挥和提高。正确的坐姿应该是直腰挺胸，身体自然，肌肉放松，双肘自然放在桌上，持票的左手腕部接触桌面，右手腕部稍抬起，整点货币轻松持久，活动自如。

（二）操作定型，用品定位

点钞时使用的印泥、图章、水盒、腰条等要按使用顺序固定位置放好，以便点钞时使用方便。

（三）点数准确

点钞技术关键是一个"准"字，清点和记数的准确是点钞的基本要求。点数准确一要精神集中，二要定型操作，三要手点、脑记，手、眼、脑紧密配合。

（四）钞票墩齐

钞票点好后必须墩齐（四条边水平，不露头，卷角拉平）才能扎把。

（五）扎把捆紧

扎小把，以提起把中第一张钞票不被抽出为准。

按"#"字形捆扎的大捆，以用力推不变形、抽不出票把为准。

（六）盖章清晰

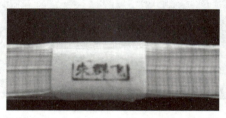

腰条上的名章，是分清责任的标志，每个人整点后都要盖章，图章要清晰可辨。

（七）动作连贯

动作连贯是保证点钞质量和提高效率的必要条件，点钞过程的各个环节（拆把、清点、墩齐、扎把、盖章）必须密切配合，环环相扣。清点中双手动作要协调，速度要均匀，要注意减少不必要的小动作。

☞ **想一想**

出纳员在办理现金收付业务时，一般有哪些程序呢？

出纳员在办理现金收付业务时，一般应按下列程序办理。

（1）应审查现金收、付款凭证及其所附原始凭证的内容，看其是否填写齐全、清楚，两者内容是否一致。

（2）依据现金收、付款凭证的金额，先点数整数（即大数）再点数零数（即小数），具体来说是先点数大额票面金额，再点数小额票面金额，结合先点数成捆的（暂不拆捆）、

项目二 点钞与识别技能

成把（卷、指铸币）的（暂不拆把、卷），再点数零数。在点数过程中，一般应连点数，边在算盘或计算器上加计金额，点数完毕，算盘或计算器上的数字，现金收、付款凭证上的金额和点数数额三者应相同。

☞ 提示

（1）从整数至零数、逐捆、逐把、逐卷地拆捆点数，在拆捆、拆把、拆卷时应暂时保存原有的封签、封条和封纸，点数无误后才可扔掉。

（2）点数无误后，即可办理具体的现金收存业务。

三、手工点钞的技术

（一）手持式点钞法

手持式点钞法是将钞券拿在手上进行清点的点钞方法，根据指法不同可分为手持式单指单张点钞法、手持式单指多张点钞法、手持式多指多张点钞法、手持式扇面点钞法等。

1. 手持式单指单张点钞法

手持式单指单张点钞法是用一个手指一次点一张的方法，是实际工作中最常用的一种点钞方法，可用于收款、付款和整点各种新旧大小钞券。这种点钞方法的优点是：持票人持票所占的票面较小，实现可视票面的 3/4，容易发现假币，挑拣残币和破币非常方便。

2. 手持式单指多张点钞法

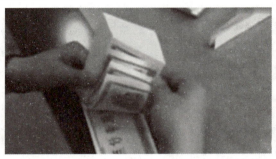

手持式单指多张点钞法是在手持式单指单张点钞法的基础上发展起来的。它适用于收款、付款和整点工作，各种钞券的清点都能使用这种点钞方法，其优点是点钞效率高，记数简单省力。但是由于一直一次捻下几张钞券，除第一张外，后面的几张看到的票面较少，不易发现残破券和假币。

3. 手持式多指多张点钞法

手持式多指多张点钞法是指点钞时用小指、无名指、中指、食指依次捻下一张钞票，一次清点四张钞票的方法，也叫四指四张点钞法或四指拨动点钞法。这种点钞法适用于收款、付款和清点工作，不仅省力、省脑，而且效率高，能够逐张识别假钞票和挑剔残破钞票。

4. 手持扇面式点钞法

扇面点钞最适合用于整点新券及复点工作，是一种效率较高的点钞方法。但这种点钞方法清点时往往只看票边，票面可视面极小，不便挑剔残破券和鉴别假票，不适用整点新旧币混合的钞券。

知识拓展

扇面点钞法一般有拆把、开扇、清点、记数、合扇、墩齐或扎把等基本环节。由于清点方法不同,可分为一按多张点钞法和多指多张点钞法两种。一次按得越多,点数的难度就越大,初学者应注意选择适当的张数。

☞ 想一想

(1) 扇面点钞法与手持式点钞法相比,优点有哪些?

(2) 各种不同的手持式点钞方法分别有哪些优点和缺点?

下面分别介绍扇面式一按多张点钞法和多指多张点钞法。

(1) **扇面式一按多张点钞法。**

①持票拆把。钞券竖拿,左手拇指在票前,食指和中指在票后一并捏住钞券左下角约三分之一处,左手无名指和小指自然弯曲。右手拇指在票前,其余四指横在票后约二分之一处,用虎口卡住钞券,并把钞券压成瓦形,再用拇指勾断钞券上的腰条纸做开扇准备。

②开扇。开扇也称为打扇面,是扇面点钞最关键的环节。扇面开的匀不匀,直接影响到点钞的准确性。因此扇面一定要开得均匀,即每张钞券的间隔要均匀。开扇有一次性开扇和多次开扇两种方法。一次性开扇的方法是:以左手为轴,以左手拇指和食指持票的位置为轴心,右手拇指用力将钞券往外推,右手食指和中指将钞券往怀里方向转过来然后向外甩动,同时左手拇指和食指从右向左捻动。左手捻右手甩要同时进行。一次性开扇效率高,但难度较大。开扇时要注意左右手协调配合,右手甩扇面要用劲,右手甩时左手拇指要放松,这样才能一次性甩开扇面,并使扇面开得均匀。

☞ 知识链接

多次开扇的方法是:以左手为轴、右手食指和中指将钞券向怀里左下方压,用右手腕把钞券压弯,稍用力往怀里方向从右侧向左侧转动,转到左侧时右手将压弯的钞券向左上方推起,拇指和食指向左捻动,左手拇指和食指在右手捻动时略放松,并从右向左捻动。这样反复操作,右手拇指逐次由钞券中部向下移动,移至右下角时即可将钞券推成扇形面。然后双手持票,将不均匀的地方拉开抖开,钞券的左半部向左方抖开,右半部的钞券向右方抖开。这种开扇方法较前一种费时,但比较容易掌握。用这种方法开扇时要注意开扇动作的连贯性,动作不连贯会影响整体点钞速度。

③清点。清点时,左手持扇面,扇面平持但钞券上端略上翘使钞券略微倾斜,右手中指、无名指、小指托住钞票背面,右手拇指一次按5张或10张钞券,按下的钞券由食指压住,然后拇指按第二次,以此类推。同时左手应随着右手点数的速度以腕部为轴稍向怀里方向转动。用这种方法清点时,要注意拇指下按时用力不宜过大,下按拇指一般按在钞券的右上角。从下按的张数来看,如果出纳员经验丰富,也可一次下按6张、8张、12张、14张、16张等。

④记数。采用分组记数法。一按5张即每5张为一组,记满20组为100张。一按10张即每10张为一组,记满10组即为100张,以此类推。

⑤合扇。清点完毕即可合扇。合扇时,左手用虎口松拢钞券向右边压;右手拇指在前,

其余四指在后托住钞券右侧并从右向左合拢，左右手一起向中间稍用力，使钞券竖立在桌面上，两手松拢轻墩。钞券墩齐后即可扎把。

（2）扇面式多指多张点钞法。

扇面式多指多张点钞有一指下5张、6张、7张、8张等，最多可达15张，因此点钞速度相当快。这种点钞方法的持票拆把、开扇、记数、合扇等方法与扇面一按多张点钞相同，仅清点方法有所区别。因此，这里只介绍它的清点操作过程，并以四指5张为例。

清点时，左手持扇面，右手清点。先用左手拇指下按第一个5张。然后右手指沿钞券上端向前移动按下第二个5张，中指和无名指依次下按第三、第四个5张，这样即完成一组动作。当无名指下按第四个5张后，拇指应迅速下按第一个5张，即开始第二轮的操作。四个手指依次轮流反复操作。由于左手指移动速度快，在清点过程中注意右臂要随各个手指的点数轻轻向左移动。此外，还要注意每指清点的张数应相同。下按6张、7张等钞券的方法与下按5张相同。

用五个手指、三个手指、两个手指均可清点，其清点方法与四指多张相同。

（二）硬币清点法

硬币的清点方法有两种，即手工清点硬币和工具清点硬币。

1. 手工清点硬币

2. 工具清点硬币

（硬币清点机）

工具清点硬币是指大批的硬币用整点工具进行整点，其操作步骤和手工清点相同，分为拆卷、清点、包装和盖章等。

☞ 想一想

（1）手持式点钞方法的操作要求是什么？

（2）手持式单指单张点钞法、手持式单指多张点钞法、手持式多指多张点钞法、手持式扇面点钞法在日常财务工作中怎样操作？

知识拓展

扇面点钞最适合用于整点新券及复点工作，是一种效率较高的点钞方法。但这种点钞方法清点时往往只看票边，票面可视面极小，不便挑剔残破券和鉴别假票，不适用整点新旧币混合的钞券。

四、机器点钞的方法

机器点钞就是使用点钞机替代手工点钞。机器点钞对提高工作效率，增加一遍点钞的准确率，减轻出纳人员劳动强度，加速资金周转等都有着积极的作用。现如今，机器点钞已成为银行出纳点钞的主要方法。

（一）点钞机的一般常识

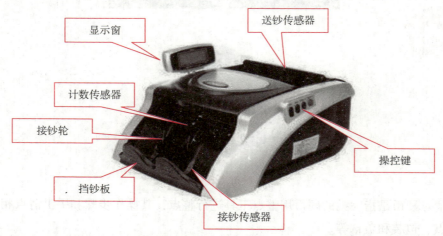

点钞机是一种自动清点钞票数目的机电一体化装置，一般带有伪钞识别功能，集计数和辨伪钞票为一体。点钞机由捻钞轮、压钞轮、接钞轮、机架、电机、变压器、电子电路等多部分组成，主要分三大部分：第一部分是捻钞；第二部分是计数；第三部分是传送整钞。

任务一　点钞技能

> **☞ 知识链接**
>
> 捻钞部分由下钞斗和捻钞轮组成,其功能是将钞券均匀地捻下送入传送带。捻钞是否均匀,计数是否准确,其关键在于下钞斗下端一组螺丝的松紧程度。使用机器点钞时,必须调节好螺丝,掌握好下钞斗的松紧程度。
>
> 计数部分(以电子计数器为例)由光电管、灯泡、计数器和数码组成。捻钞轮捻出的每张钞券通过光电管和灯泡后,由计数器记忆并将光电信号轮换到数码管上显示出来,数码管显示的数字,即为捻钞张数。
>
> 传送整钞部分由传送带和接钞台组成。传送带的功能是传送钞券并拉开钞券之间的距离,加大票币审视面,以便及时发现损伤券和假币,接钞台是将落下的钞券堆放整齐,为扎把做好准备。

(二)　点钞机的前期准备

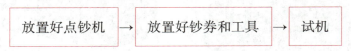

1. 放置好点钞机

点钞机一般放在桌面上,点钞员的正前方,离胸前30厘米左右。临柜收付款时也可将点钞机放在点钞桌肚内,桌子台面上使用玻璃板,以便看清数字和机器运转情况。

2. 放置好钞券和工具

机器点钞是连续作业,且速度相当快,因此清点的钞券和操作的用具摆放位置必须固定,这样才能做到忙而不乱。一般未点的钞券放在机器右侧,按大小票面顺序排列,或者从大到小,或者从小到大,切不可大小夹杂排列;经复点的钞券放在机器左侧;腰条纸应横放在点钞机前面,即靠点钞员胸前的那一侧,其他各种用具放置要适当、顺手。

3. 试机

首先检查各机件是否完好,再打开电源,检查捻钞轮、传送带、接钞台运行是否正常;灯泡、数码管显示是否正常,如果荧光数码显示不是"00",那么按"0"键,使其复位为"0"。然后开始调试下钞斗,松紧螺母,通常以壹元券为准,调到不松、不紧、不夹、不阻塞为宜。调试时,右手持一张壹元券放入下钞斗,捻钞轮将券捻住时,马上用手抽出,以捻得动、抽得出为宜。调整好点钞机后,应拿一把钞券试一下,查看机器转速是否均匀,下钞是否流畅、均匀,点钞是否准确,落钞是否整齐。若传送带上钞券排列不均匀,说明下钞速度不均,要检查原因或调节下钞斗底冲口而出的螺丝;若出现不整齐、票面歪斜现象,说明下钞斗与两边的捻钞轮相距不均匀,往往造成距离近的一边下钞慢,钞券一端向送钞台倾斜,传送带上钞券呈一斜面排列,反之下钞快。这样应将下钞斗两边的螺丝进行微调,直到调好为止。

（三）点钞机操作程序

1. 持票拆把

2. 点数

3. 记数

当下钞斗和传送带上的钞券下张完毕后，要查看数码显示是否为"100"。如果显示的数字不为100，必须重新复点。在复点前应将数字显示设置为"00"状态并保管好原把腰条纸。如果复点仍是原数，又无其他不正常因素时，说明该把钞票张数有误，应将钞券连同原腰条纸一起用新的腰条纸扎好，并在新的腰条纸上写上差错张数（"+"表示多张，"-"表示少张），另做处理。

4. 扎把

扎把的方法下面会进行详细介绍，这里不再赘述。

5. 盖章

复点并扎好全部钞票后，点钞员要逐把盖好名章，盖章时做到先轻后重，整齐、清晰。

五、扎把的方法

(一) 缠绕式

缠绕式需使用牛皮纸腰条，具体操作步骤如下。

（1）将点过的钞票 100 张墩齐。

（2）左手从长的方向拦腰握着钞票，使其呈瓦状。

（3）右手握着腰条头将其从长的方向加入钞票的中间，从凹面开始缠绕两圈。

（4）在翻到钞票原度转角处将腰条向右折叠 90°，将腰头绕捆在钞票的腰条转两圈打结。

（5）整理钞票。

(二) 扭结式

扭结式需使用绵纸腰条，其具体操作步骤如下。

（1）将点过的钞票 100 张墩齐。

（2）左手握钞，使其呈瓦状。

（3）右手将腰条从钞票凸面放置，将两条腰条头绕到凹面，左手食指、拇指分别按住腰条与钞票厚度交界处。

（4）右手拇指、食指夹住其中一端腰条头，中指、无名指夹住另一端腰条头并合在一起，右手顺时针转 180°，左手逆时针转 80°，将拇指和食指夹住的那一头从腰条与钞票之间绕过、打结。

(三) 机器自动扎把

把 100 张钞票墩齐后，垂直放入扎把机或点钞扎把一体机。注意钞票方向要垂直于桌面。

项目二　点钞与识别技能

任务二　真伪钞票识别技能

一、假币的种类和特征

要正确识别假币，首先要知道假币的种类及主要特征，假币主要包括伪造币和变造货币两种。

（一）伪造币

伪造币是指仿照真币的图案、形状、色彩等，采用各种手段制造的假币，主要包括机制假币、拓印假币、彩色复印假币、手工描绘或手工刻板印制的假币、照相假币及铸造假币。

（二）变造假币

变造假币是指在真币的基础上，利用挖补、揭层、涂改、拼凑、移位、重印等多种方法制作，改变真币原形态的假币，主要有剪贴变造币和揭页变造币。

二、真伪钞票的识别

识别人民币纸币真伪，通常采用"一看，二摸，三听，四测"方法。

（一）"看"

1. 看水印

各券别纸币的固定水印位于票面正面左侧的空白处，迎光透视，可以看到立体感很强的水印。100元、50元纸币的固定水印为毛泽东头像图案。20元、10元、5元纸币的固定水印分别为荷花、月季花和水仙花图案。

2. 看安全线

在各券别纸币票面正面中间偏左，均有一条安全线。100元、50元纸币的安全线，迎光透视，分别可以看到"RMB100""RMB50"微小文字，仪器检测均有磁性；20元纸币的安全线，迎光透视，是一条明暗相间的安全线；10元、5元纸币的安全线为全息磁性开窗式安全线，即安全线局部埋入纸张中，局部裸露在纸面上，开窗部分分别可以看到由缩微字符"￥10""￥5"组成的全息图案，仪器检测有磁性。

3. 看光变油墨

100元券和50元券正面左下方的面额数字采用光变油墨印刷。将垂直观察的票面倾斜到一定角度时，100元券的面额数字会由绿色变为蓝色；50元券的面额数字会由金色变为绿色。

4. 看票面图案

看票面图案是否清晰，色彩是否鲜艳，对接图案是否可以对接。

纸币的阴阳互补对印图案应用于100元、50元和10元券中。这3种券的正面左下方和背面右下方都印有一个圆形局部图案。迎光透视，两幅图案准确对接，组合成一个完整的古钱币图案。

5. 放大观看图案

用5倍以上放大镜观察票面，图案线条、缩微文字是否清晰干净。

纸币各券别票面图案，印有缩微文字。100元券缩微文字为"RMB"和"RMB100"，50元券为"50"和"RMB50"；20元券为"RMB20"；10元券为"RMB10"；5元券为"RMB5"字样。

（二）"摸"

1. 摸人像、盲文点、中国人民银行行名等处是否有凹凸感

第五套人民币纸币各券别正面主景均为毛泽东头像，采用手工雕刻凹版印刷工艺，形象逼真、传神，凹凸感强，易于识别。

2. 摸纸币是否薄厚适中，挺括度好

（三）"听"

抖动或弹人民币声音很清脆，根据声音来分辨人民币真伪。人民币的纸张具有挺括、耐折、不易撕裂等特点。手持钞票用力抖动、手指轻弹或两手一张一弛轻轻对称拉动，能听到清脆响亮的声音。假币声音发闷，且容易撕断。

（四）"测"

借助一些简单工具和专用仪器来分辨人民币真伪。例如，借助放大镜可以观察票面线条清晰度，胶、凹印缩微文字等；用紫外灯光照射钞票，可以观察钞票纸张和油墨有无荧光反应；用磁性检测仪可以检测黑色横号码的磁性。

特点一：钞票特征主色调为红色，票幅长155mm、宽77mm。正面主景为毛泽东头像，左侧为椭圆形花卉图案，票面左上方为中华人民共和国"国徽"图案，右下方为盲文面额标记。

特点二：7大防伪特征。

以最新版人民币100元券识别为例。

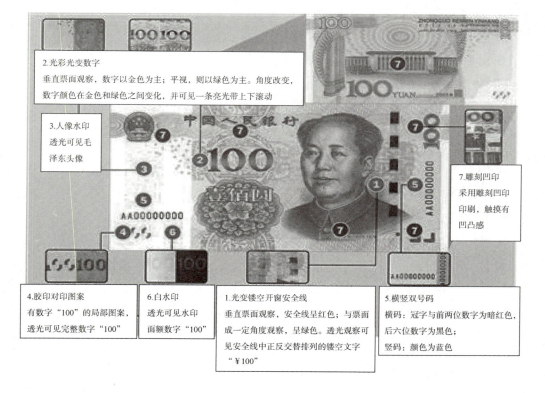

项目二　点钞与识别技能

课后练习

1. 手工点钞指法练习

（1）练习手持式单指单张点钞法点钞技巧。

（2）练习手持式单指多张点钞法点钞技巧。

（3）练习手持式四指拨动点钞法点钞技巧。

（4）练习手持式五指拨动点钞法点钞技巧。

（5）练习手持式扇面点钞法点钞技巧。

（6）练习手按式单指单张点钞法点钞技巧。

（7）练习手按式多指多张点钞法点钞技巧。

（8）练习手按式单指推动点钞法点钞技巧。

（9）练习手按式多指推动点钞法点钞技巧。

（10）练习手按式多指拨动点钞法点钞技巧。

（11）练习手持式点钞法点钞技巧。

要求：点钞姿势和动作要领要正确，点钞结果必须准确，捆扎结实符合要求，计时完成。

2. 机器点钞练习

要求：点钞姿势和动作要领正确，拆把及时，合理放置，准确验数，捆扎结实，做到人机合一，熟练操作点钞机，有效提高工作效率。

项目三

会计办公设备操作技能

知识目标

- 掌握计算器功能键的含义。
- 熟悉收银基本操作流程。
- 了解网上银行是什么。
- 了解传票的概念。

技能目标

- 能根据所学内容，掌握电子计算器的使用方法，熟练使用计算器。
- 能根据所学内容，熟练使用计算机小键盘，掌握盲打技术。
- 可以自己操作网上银行中的主要业务。
- 掌握传票翻打技巧，熟练实现快速翻打。

素质目标

将社会主义核心价值融入会计职业教育中，培养学生良好的职业道德素养。

项目三　会计办公设备操作技能

知识导图

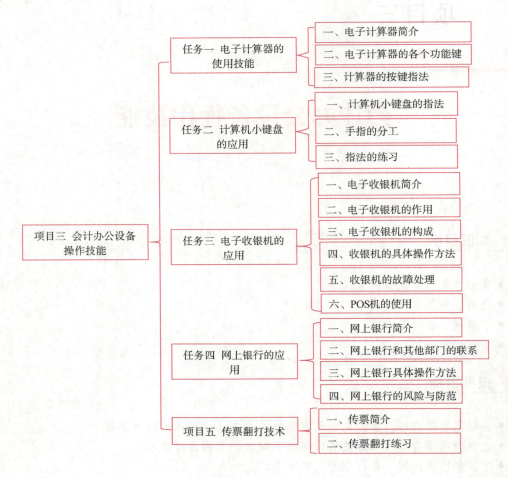

任务一　电子计算器的使用技能

引导案例

电子计算器是财务工作人员日常使用的计算工具之一，也是人们日常生活中常见的物品。人们日常生活中使用计算器时，一般会用到开关机键（ON/OFF）、数字键、运算符号键（+、-、×、÷）和小数点键，以及其他功能键（如 M+、M-、MRC、GT 及 MU 按键等）。

本任务将介绍电子计算器的功能键、按键指法，教会大家如何快速高效地使用计算器。

28

一、电子计算器简介

计算器的历史可以追溯到17世纪。1642年世界上第一部机械计算器诞生,但是只可以进行加法和减法运算,它的发明者是法国的科学家帕斯卡。到17世纪末,机械计算器得到了进一步的改良,加入了乘法和除法运算。但是人们现在使用的电子计算器最早出现在20世纪50年代。

二、电子计算器的各个功能键

计算器使用时通过按键输入要计算的内容,一切计算都要通过按键实现,因此首先来认识一下电子计算器的各个功能键,此处只介绍财务用电子计算器的使用。

人们日常生活中使用计算器时,一般会用到开关机键(ON/OFF)、数字键、运算符号键(+,-,×,÷)和小数点键,简单介绍一下它们各自承担的运算作用。

(一) 开关机键

ON键按下后电子计算器的显示屏会显示0,表示已经开机,可以进行数据输入;OFF键按下后,屏幕会关闭,同时将清除由记忆键输入的所有储存信息。

(二) 数字键

数字键从0开始依次排列,至9结束。财务用计算器还会有00键,可以实现快速增零的作用,能够提高运算的速度和效率。不同电子计算器的数字键排列可能会有所不同,有的自上而下依次排开,有的则相反,但是均以数字5作为中心点。此处以右图所示的排列方式教学按键指法。

> **提示**
> 其他键:清除键分为全部清除和部分清除键。全部清除键"AC、CA、C"会将之前输入的全部数据一起删除,此时屏幕显示0,如同刚开机状态;部分清除键"CE"仅删除正在输入的数据,历史数据仍保留,待按下CE键实现部分清除后,输入正确的数据仍可以继续原来的工作。百分比键(%)的使用需要先输入数字,再点击"%",结果即可列示。

一起来回顾一下,计算毛利率时,所用到的公式为

毛利率=毛利/营业收入×100%

=(营业收入-营业成本)/营业收入×100%

如果一家餐饮企业全年的营业收入为600万元,营业成本为500万元,那么计算毛利率时的操作步骤为:

(1) 600-500。

(2) 按下等号键。

(3) "÷" 600。

(4) 按下 "%" 键。

(5) 得到结果16.666...%。

（三）运算符号键

运算符号键包括四则运算使用的"+，-，×，÷"；它们各自负责自己的运算功能，但是往往不能连续进行混合运算，一般计算器不会遵循先乘除后加减的运算法则，而是按照式子的输入顺序计算结果。例如，当输入"60+5×3"时，在按下乘号键后将得出结果65，继续输入"×3"后，运算结果并非75而是195。那么在这种情况下，就需要用到其他功能键来实现运算。

其他功能键平时很少用到，这里重点介绍几个按键：M+、M-、MRC、GT 及 MU 等，其功能如下表所示。

功能键	按键功能
M+	记忆加法
M-	记忆减法
MRC	调出记忆
GT	总和
MU	损益运算键

这些功能键如何具体运用呢？下面通过动手操作来了解各个功能键的实际内涵。例如，560×32+490×43。

首先输入"560×32"，按下等号键，显示屏幕将出现计算结果17920；然后按下记忆加号键"M+"，此键有终止数值输入的功能，此时屏幕上方会出现一行小字"MEMORY"；继续输入"490×43"，按下等号键，当屏幕显示计算结果21070时，再次按下记忆加号键"M+"，此时已经结束数据输入；为求得最后结果，还需要按下"MRC"键调出总和，才能得到正确结果38990。如果再次按下"MRC"键，将会清除计算器内部的记忆储存，屏幕上的"MEMORY"字样也会消失。

> ☞ 知识链接
>
> 　　同理，计算5000÷（1154-179）时，同样要使用 MRC 键调出记忆。操作过程为输入"1154-179="，得到结果975，按下"M+"键，使975存入计算器的存储器内；然后输入"5000÷MRC="，就可以得到最终结果5.128……

在计算连加时可以不使用 MRC 键而是使用 GT 求和键，这样更简单快捷。同样以560×32+490×43为例，此时的输入顺序为560×32=490×43=GT，得到最终结果。

计算产品标价时，一件商品成本为90元，按照利润的9%标价，那么售价应当为多少元？

常规的计算方法需要将售价设为未知数 X，然后列出方程 $(X-90)÷90=9\%$，再通过解方程得出未知数 X 的结果。但是，利用 MU 键可以省去设未知数 X 的过程，按下"90÷9MU"，则可得到最后结果98.1。

☞ 试一试

（1）390×20+659×7=？

（2）某企业20×7年的利润总额为67万元，20×8年的利润总额为80万元，那么利润增长了百分之几？预计20×9年将保持这一增长率，那么20×9年利润预计为多少？

任务二　计算机小键盘的应用

> ☞ 提示
> （1）输入顺序为 390×20＝695×7＝GT 或 390×20＝M+659×7＝M+MRC；结果为12413。
> （2）利润增长了百分之几？输入顺序为 80-67＝÷67%；结果为 19.40%（保留两位小数后的结果）；20×9 年的利润预计为多少？输入顺序为 19.40%＋1＝×80＝；结果为 95.52。

三、计算器的按键指法

前面已经介绍过电子计算器键盘的按键排列规律，为了更快地输入数据、得出结果，提高工作效率，下面介绍按键指法。

数字键"5"作为键盘的中心点，中指就负责"5"这一列的数字，即"00""2""5""8"四个键；食指负责"0""1""4""7"四个键；无名指负责".""3""6""9"四个键；小拇指或无名指负责"＝""＋""－"这 3 个键。当计算处于等待状态或结束状态时，手指相应地放在"4""5""6"这 3 个键上方，数字敲击完成时手指也要回到相应的按键等待。

> ☞ 提示
> 在实操过程中，可以把计算器放在右手边，把需要计算的材料放在左手边。刚开始练习时，要先熟悉键盘各个按键的位置，并做到准确记忆。可以先看着按键进行数字输入训练，下面将给出一段随机数以供大家初步训练，也可以自己找材料进行指法训练。熟练后，目光主要放在计算材料上，对计算器显示屏只做查看即可。

随机数表

18130	06742	01062	00464	24305	28385	03078	17643	17328	31668
25761	11553	26424	26080	27663	30781	18421	19121	16578	10228
02461	01176	17073	03701	08046	15465	12214	02369	27575	06854
24373	24125	30873	11739	24831	28421	11791	22349	00886	13956

任务二　计算机小键盘的应用

引导案例

计算机已经全面渗透到人们的日常生活之中，不论是办公还是收银都会用到计算机，而在数据输入时就不可避免地要使用到计算机的小键盘。如何高效使用计算机小键盘实现数据的输入？

项目三　会计办公设备操作技能

一、计算机小键盘的指法

小键盘基本都位于计算机键盘的右侧，因此大家最好用右手练习。首先要把右手各手指呈弯曲状态放在键盘上方，作为输入前等待及输入完成后等待。为了便于有效地使用键盘，**基准键定为"4""5""6"这3个键**，相应地负责这3个键的是右手的食指、中指和无名指。输入等待是指将相应的手指放在基准键上方。在输入时，敲击键盘要有力量，而且要迅速快捷，输入完成后迅速回到基准键。

二、手指的分工

计算机小键盘手指的分工与前面计算器的指法相似，同样需要将小键盘划分区域，不同的手指负责各自的按键。

> ☞ 提示
>
> 　　基准键为"4""5""6"三个键，"4"所在的一列"7""4""1"均由食指负责，同样地，"8""5""2"三个键由中指负责，"9""6""3"三个键由无名指负责，"-""+"和"enter"键由小拇指负责，"0"由大拇指负责。

三、指法的练习

所谓熟能生巧，就是要多练、多动手，而且滴水穿石非一日之功，不仅要多多练习，更要有长时间的坚持，这样才能真正提高自己的能力。

练习不能盲目，要清楚自己的水平，更要明确自己的目标。为了达到这样的效果，这里推荐大家下载专门练习打字速度的软件，通过计时的方式训练，给自己增加紧迫感，制造压力。大部分的打字软件可以自动随机产生数字串，无须自己找材料。而且在练习结束时，会有一个最后的分数，方便评估自己的练习水平；同时也会标明练习中出错的地方，以供大家查漏补缺。有的软件可以记录练习历史，可以查看自己近期的练习是否有进步，只有指法正确，速度才能越练越快；否则，只会适得其反。

> ☞ 知识链接
>
> 　　在练习中应当注意的事项如下。
> 　　（1）要注意打字时的坐姿，身体要直立，肌肉放松，两肩放平，双脚自然垂放，保持一个自然放松的状态。
> 　　（2）右手要轻轻放置在键盘基准键上，做好随时打字的准备。同时，要注意手、手腕、肘关节都要呈放松的状态，基本处于一条直线上，否则，长时间的练习不利于身体健康，也会影响输入的效率。
> 　　（3）适当调整计算机屏幕与眼睛的距离，做好护眼工作。
> 　　（4）练习数字输入与平时学习一样，要戒骄戒躁，注意坚持。

任务三 电子收银机的应用

☞ 提示

为了能够快速上手,给大家提几点如何练习的建议。

(1) 先观察记忆。所谓磨刀不误砍柴工,就是希望大家不必急于上手,先将小键盘做到基本熟悉,然后开始下一步的计划。

(2) 逐步练习。如果给出的数字需要将各个手指都用到,那么无法在短期内实现快速记忆,建议大家逐个手指练习,提高熟练度后再进行混合输入。因此,课后练习按照这种思路给大家提供练习材料,完成课后练习之后,再下载练字软件进行速度训练。

任务三　电子收银机的应用

引导案例

外出购物,不论是超市还是餐馆,是否留意过收银员结账时使用的机器?既有键盘、显示器,又有抽屉、条形码扫描器的收银机是如何使用的呢?

一、电子收银机简介

电子收银机是随着商品经济的发展,以科技水平为依托而产生的一种现代化、自动化商业管理的功能性工具。收银机是由美国的詹姆斯·利迪和约翰·利迪制造出来的,虽然当时的功能有一定的局限,只可以通过收银机监管营业明细,但是已经是商业管理不断发展中的一大进步了。而人们通常所说的电子收银机是20世纪60年代由日本人发明的,到80年代,POS系统问世。

二、电子收银机的作用

通常,电子收银机需要连接计算机网络,综合商业管理知识,由此在商品交易中或提供

项目三 会计办公设备操作技能

服务时能够实现对相应的数据输入、传递、分析和处理。电子收银机不仅可以在交易实现时发挥作用，在后期管理中也发挥着重要的作用，如存货盘点、存货的购入管理等。

具体来看，在交易中使用电子收银机时，**对于企业一方而言**，由于很多操作都可以实现机器的自动化，因此可以缩短收银的计算时间。在超市购物时，收银只需扫描条形码，收银机可以自动调取商品信息，自动加总求和，即使有着复杂的打折优惠规定，也同样可以快速计算得出结果；因为电子收银机基本上实现了自动化，对于收银员的业务要求就会降低，不再是低效率的靠记忆工作，所以也在一定程度上降低了收银出错的概率。同时，使用电子收银机可以为企业节约大量的经营成本，其中包括人力成本、管理成本等。由于单笔交易的时间被缩短，因此面对相同的交易量时，总体的交易强度也较低，可以节省一部分的劳动力。另外，电子收银机可以实现对企业后期管理的作用，如会计记账、存货管理等，这也节省了很大一部分的管理成本。

对商品（或服务等）的购买方而言，可以亲自参与到结算过程，完全能够实现对收银员的现场监督，既可以降低收银员舞弊的风险，也增加了心理满足感。当然，由于收银机带来的高效率也为购买方节约了时间成本。一般电子收银机支持多种结算方式，如现金收款方式、银行卡收款方式及扫码支付方式等，可以满足不同群体的需求，为所有的购买方都提供相应的便利。

三、电子收银机的构成

收银机的基本构成可以分为基本部件和功能部件两部分。其中，基本部件大致可以分为以下7个部分。

（一）显示屏

显示屏又称为顾客显示器，它能够展示的内容有限，往往只显示商品名称、单价、应收金额、找零等，以便于顾客查看。显示屏可以旋转，在使用前要注意调整好方向，微微向上倾斜可以更清晰地看到图像。显示屏在收银机等待工作的状态下，只显示欢迎光临等设定的文字；在结账过程中才会显示出顾客所需要的信息。例如，在输入商品信息后按下"总计"，显示屏会显示总的应收金额。输入顾客所付的现金后，敲击"现金"，显示屏会将找零金额展示给顾客。另外，显示屏的文字可以选择中文或英文，一般显示屏最多显示两行文字，内容较简洁，但是文字可以滚动出现。

（二）主机和显示器

主机是收银机的重要组成之一，一般由中央处理器和主板两部分构成。主机上一般会有系统部件的电源按键，负责开机、关机的任务。初次按下该电源按键，系统电源的指示灯会亮，这表示系统处于运行状态。显示器是供收银人员工作时使用的工具，可以起到辅助工作、检查工作的作用。在输入商品信息后，商品信息的明细、操作历史、出错信息等都会显示在显示器上，收银人员工作中要做到仔细核对、细心操作。显示器有自己独立的电源开关键和电源指示灯，但是，按下此键打开显示器电源前，首先要打开主机的电源开关。

（三）键盘

键盘是收银人员输入数据、结算时使用的工具。

> **知识链接**
>
> 键盘上有35个按键，按照不同的功能将其分为4类。
> （1）数字键：数字键的使用大多是在输入商品数量，条形码扫描失败后手动输入编号时等使用。
> （2）运算键：运算键和计算机键盘上的基本相同。
> （3）结算方式选择键：其中包括"现金""支票""信用卡""礼券"等。在输入需结账的商品信息后，对所有金额加总，然后按照顾客要求选择相应的付款方式。
> （4）其他键：小计/合计、取消/更正、税率计算、部门分类、自定义等。

（四）现金抽屉

现金抽屉中用于存放现金及等价物等。**每一笔交易结算时，现金抽屉都会自动弹出，待交易完成关上抽屉后，它会自动上锁。**现金抽屉一般都有钥匙锁，当处于工作状态时要选择"操作状态"，此时可以通过应用程序自动弹出抽屉。一天的工作结束，要将现金抽屉的键锁置于"已锁定关闭"的状态下。不论处于哪一种状态，抽屉钥匙都可以拔出。

（五）票据打印机

票据打印机一方面是面向客户，为其提供消费凭证；另一方面可以用于企业自身的账务明细管理。打印纸余量不多时，票据打印机上相应的指示灯会亮。当打印纸用完后，票据打印机会发出提示音，直至装好打印纸。打印纸安装时要注意正反，装反的情况下无法将信息印在纸张上。

（六）条码扫描器

条码扫描器也可以称为条码阅读器，是一种读入信息的装置，通常用于扫描商品的条形码，获取商品的详细信息。条码阅读器的构成部分主要有光源、光电转换器、译码器等，它的基本工作原理可以简单地理解为将发出的光源照在条形码上，由此反射回的光线经光电转换器处理后产生电信号，再进一步转化为计算机可以读懂的语言。这个过程所需的时间很短，可以迅速实现信息调出，因此这也是可以实现快速、批量、高效结账的一个重要原因。条形码的扫描器有不同的种类，按其外观可以分为手持式、固定式、光笔式等，但是它们的工作原理都大同小异。

手持式条码阅读器

固定式条码阅读器

光笔式条码阅读器

（七）磁卡阅读器

磁卡阅读器是用来读入卡内信息的机器，通常可以读取银行卡、信用卡、贵宾卡等。使用时要注意，应将有磁条的一侧面向自己，匀速从读卡槽中自左向右划过。大家在银行办理业务或超市消费时可以留意收银员如何操作，学会从生活中学习。

项目三　会计办公设备操作技能

四、收银机的具体操作方法

（一）开机

首先打开主机电源，再打开显示器电源，待收银机开机后，界面会出现登录系统，大致内容如下表所示。

工号：
密码：
班次：早班/晚班/全天

（二）选择功能

在登录成功之后，会进入一个功能选择的界面，一共分为四大类：销售开票、查询报表、系统维护和交接班。销售开票下有零售开票、开票联系、批发销售和存货盘点4个选项；查询报表下设收银员销售统计、营业员销售统计、柜组销售统计、当日小票查询、历史小票查询、当日商品明细、当日柜组退货单等11个二级选项；系统维护下有网上通知、商品信息查询、联网操作、脱网操作、小票号设置等；交接班下有登录、离开、交款单输入/重打、修改密码、退出并关机等。在操作时按照需要选择对应的按键即可。

> ☞ 提示
>
> 具体操作时的建议：以超市结算为例，有时会需要对多个同种商品扫码结账，这时可以先输入此种商品售出的数量，按下"F1"键，然后再扫描商品的条形码，这样就实现了对商品信息的快速输入。另外，当按照顾客要求删除某些商品时，先按下"Delete"键，再选中该项商品的信息，再次按下"Delete"键即可。如果要全部清空已输入的商品信息，按下"/"键可以终止该项交易并全部清除。

五、收银机的故障处理

在日常工作中，难免会遇到一些问题，这时要结合本部分的知识加以解决。

（一）显示器黑屏

首先检查显示器的电源开关是否处于打开状态，显示器的亮度是否被调到了最小。若显示器仍旧有亮度，则应检查显示器的接线是否松动。调整后，试着重启一下。若经过调整仍旧无效，那么故障可能是由主机引起的。

（二）键盘失灵

首先要检查键盘与主机的接线是否松动，重新连接后没有效果可以连接计算机键盘。

（三）现金抽屉无法弹出

首先检查接线是否松动，观察钥匙的方向是否转在中间，在这个状态下手动能否打开抽屉。

> ☞ 知识链接
>
> 打印失败：检查一下打印纸是否还有，检查线路是否松动，打印机是否处于开机状态。

六、POS 机的使用

POS 机的英文全称为 Point of Sales，直译为销售点。POS 机分为固定式和无线式，人们日常生活中最常见的是无线式的。值得注意的是，POS 机只可进行非现金交易。

POS 机的使用步骤如下。

（1）选择交易种类：消费、消费撤销、预授权、退货、其他。

（2）如果要进行收款业务，则在"1. 消费""2. 消费撤销"之中选择 1，然后根据提示输入收费金额，点击"确认"按钮。此时需要持卡人输入卡密码，没有密码则直接点击"确认"按钮，此时 POS 机会自动打印消费凭证，这样一次收款就完成了。作为一名合格的收银员，要记得提醒持卡人核对信息并签字。

（3）如果要进行消费撤销的操作，则在"1. 消费""2. 消费撤销"之中选择 2，然后输入 6 位的流水号，根据提示点击"确认"键，再次由持卡人输入密码，确认信息无误后 POS 机会打印出撤销操作的凭证，这样一次消费撤销的操作就完成了。

无线式 POS 机一

无线式 POS 机二

任务四　网上银行的应用

一、网上银行简介

网上银行（Internetbank or E-bank）包含两层含义，一是机构概念，指通过信息网络开

项目三　会计办公设备操作技能

办业务的银行；二是业务概念，指银行通过信息网络提供的传统意义上的金融服务和新兴的业务，传统的金融服务有开户、销户、查询、对账、行内转账、跨行转账、信贷等项目。新兴业务是指一些风险投资或银行提供的以代收手续费为目的的业务，如代发工资、代理基金保险等。

网上银行的模式按照有无实体可以分为两种：一种是单纯的网络银行，另一种是电子银行分行。

（一）纯网络银行

纯网络银行不设立传统的有形银行，无法在生活中见到其实体对外营业机构，使用它只能通过网络作为服务载体，完成储蓄、查询、转账等业务的办理。

> ☞ 知识链接
>
> **纯网络银行的起源**
>
> 　　1995 年在美国有一家特殊的银行开业了，它就是美国安全第一网络银行（Security First Network Bank，SFNB），也称为美国第一联合国家银行（First Union National Bank）。当然，任何网络银行都要有一个信誉极好的机构或部门做背后支持，这家银行也不例外。它得到的是美国联邦银行治理机构的支持，允许它在因特网上提供银行金融服务。它也是第一家网络银行以虚拟服务的方式提供大范围和多种类的银行服务。
>
> 　　这家银行在当时看来是个"另类"，它除了后台处理中心外，只有一个实体的办公场所，没有分支机构，没有营业柜台，也没有营业人员。
>
> 　　美国第一联合国家银行于 1996 年年初在因特网上开始正式营业，并为客户提供银行金融服务，如客户可以开出电子支票和电子的支付账单，还可以了解当前货币汇率等金融信息。在开业后的短短几个月，它的上网浏览用户达到了近千万人次，这一现象无疑给金融界带来了新的发展机会和发展方向。于是有不少银行也开始在网上开设自己的网络银行。

（二）电子银行分行

电子银行分行是依托于有形银行而成立的，有着自己的营业网点、营业机构和营业人员，可以在实体银行办理的业务也可以在它的网上银行办理，是一个依托实体银行的电子银行窗口，专门为客户提供网上银行服务。例如，中国建设银行的手机银行 App 就是一个典型的电子银行。

二、网上银行和其他部门的联系

网上银行扮演的角色其实和现金收款、转账收款是相似的，我们使用网上银行大多是在需要结账的时候。付款时，不论是对公支付还是对私支付都可以使用网上银行来完成。同理，收款业务也是如此。

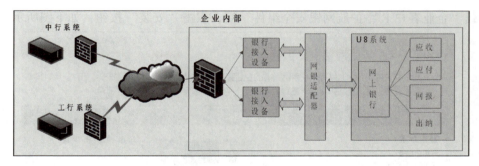

注：图片来自 yongyou software Corporation

三、网上银行具体操作方法

我们以中国建设银行的网银系统为例，说明在实操过程中如何使用网银完成需要办理的业务。

（一）登录企业网银系统

如果是新用户，在登录之前需要下载安装"企业客户 E 路护航网银安全组件"，这是一个安全保障软件，网银系统在不断地更新升级，网上支付的安全保护手段也在不断进步，我们只需下载网上银行要求下载的最新安全插件即可。

第一步，下载安全组件：登录 www.ccb.com，点击主页上面的"公司机构"→"电子银行"→"下载中心"，如下图所示，进入下载页面，下载企业客户 E 路护航安全组件。

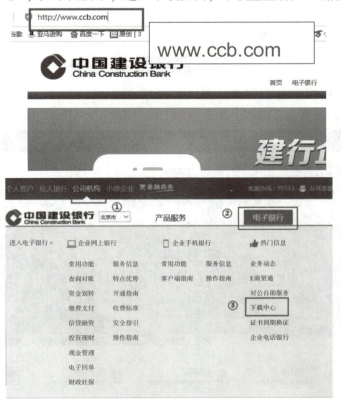

下载"企业客户E路护航网银安全组件"后,点击"安装"按钮,如下图所示。

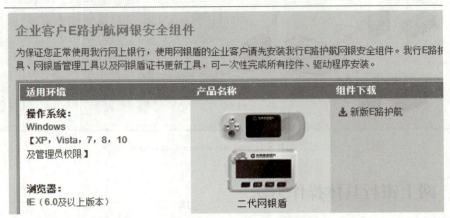

第二步,设置网银盾初始口令及安装证书。先插入网银盾,若为新签约客户:系统自动弹出窗口提示设置网银盾初始口令,设置的初始口令一定要牢记,否则网银盾就会作废,如下图所示。

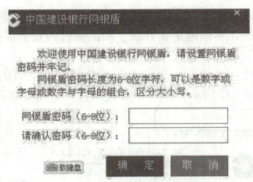

如果是已经有网银账号的客户,那么首先请登录 www.ccb.com,点击主页左上角的"公司机构"菜单,再点击页面左上角企业网上银行右侧的"登录"按钮,如下图所示。

任务四　网上银行的应用

　　此时界面会弹出窗口，验证网银盾口令，输入网银盾口令后，点击"确定"按钮，如下图所示。

　　进入下图显示的界面后，会自动显示企业网银的"客户识别号"和对应的"操作员代码"，输入登录密码后即可登录，首次使用主管登录密码默认999999。

　　然后点击"登录"按钮，就会看到如下图所示的网页。这样就顺利进入系统了。首次使用企业网上银行，需要点击右侧网银盾激活按钮，并输入网银盾密码进行验证。

项目三 会计办公设备操作技能

（二）初始设置

初始设置需要会计主管先登录网银，然后逐步进行下面操作完成设置。初始设置包括新增操作员、分配权限、设置流程等。

1. 新增操作员

选择"服务管理"菜单，选择"操作员管理"→"操作员维护"选项。页面靠下位置有"新增"按钮。

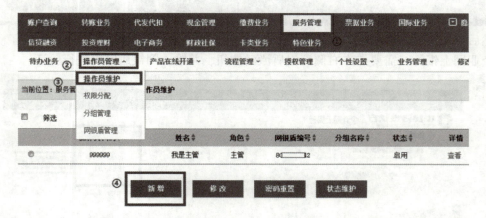

在录入操作员的基本信息后，选择操作员类型，一般应选择普通操作员，选择"制单"选项。根据实际情况填写其他信息。另外，如果初始密码选择"默认"选项，那么操作员初始登录时交易密码是"123456"。如果选择"自定义"选项，则下方出现登录密码、交易密码输入框，可以直接输入密码。然后按照这个步骤再设置复核员。

2. 设置账户权限

选择"操作员管理"→"权限分配"选项，选中需要设置权限的操作员，再点击"账户权限"按钮。

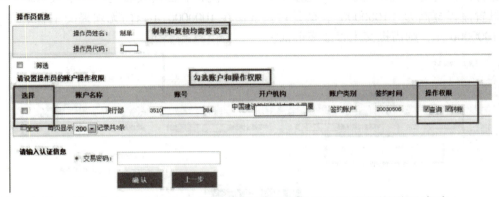

分配账户权限。选择需分配权限的账户，分配具体权限：查询、转账等，如果开通了电子对账功能，在这里可以为操作员开通电子对账权限。

输入交易密码，点击"确认"按钮，系统提示该操作员账户权限设置成功。

3. 设置转账流程

选择服务管理（点击展开"全部功能"），选择"流程管理"–"自定义流程"选项，选择流程类型。点击"下一步"按钮。

根据业务需要增加相应的流程内容。

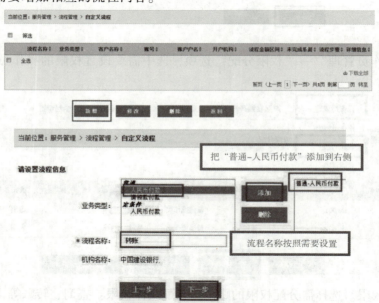

选择需设置转账流程的账号，设置流程金额。流程金额的设置是一个最大限额的意思，如果设置流程金额为"1000000"，就是付款金额在1000000元以内无须提交主管最终审批，超过1000000元，则需提交主管最终审批。

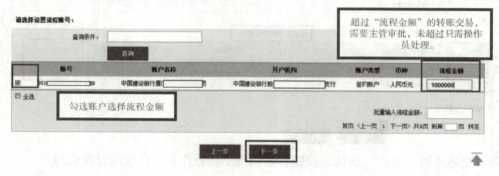

任务四 网上银行的应用

点击"下一步"按钮后,进入选择流程复核员界面,在复核员选择框中选择相应的复核员,点击"添加"按钮,将其添加至确认框内,再点击"选定第一级复核员"按钮。

选定一级复核员,可以选择结束定制流程,或者继续选择下一级复核员。转账流程设置完毕,输入交易密码确认设置。

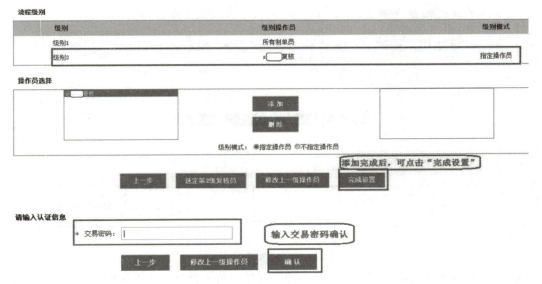

(三)查询余额、明细

登录成功后,系统默认进入"账户查询"菜单。一级菜单"账户查询"包括:账户信息查询、电子对账、周期支付额度等六个二级菜单。界面内容如图所示。

项目三　会计办公设备操作技能

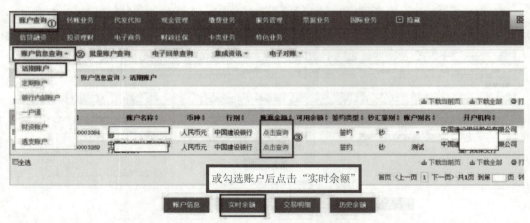

选择"账户查询"菜单后选择要查询的账户类别，在想要查询的账户行点击"点击查询"按钮，也可以选中要查询的账户后点击"实时余额"按钮，即可查询到结果。

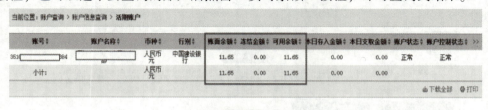

在"账户查询"菜单中也可以查询账户明细。选择"账户查询"菜单后选择"账户信息查询"选项，在想要查询的账户前打钩确认，点击"账户信息"按钮。

进入查询条件输入项界面。输入起止的时间段，可查询该账户在该时间段发生的所有交易情况，包括网上银行及营业网点发生的所有交易。还可按金额区间、交易方向、对方户名、对方账号、交易备注、交易摘要等条件查询。

任务四 网上银行的应用

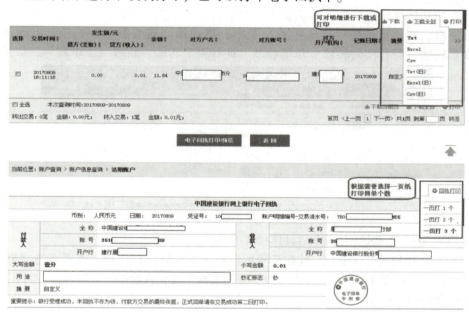

可以对查询结果进行下载或打印，也可以打印电子回执单。

交易完成后的第二天，可以打印正式回单。

47

项目三　会计办公设备操作技能

（四）转账操作步骤

1. 转账制单（录入）

主管完成初始化设置后，转账需要先由制单员录入单据，再根据设置的自定义流程来进行复核或审批。制单员选择"转账业务"菜单，再选择"转账制单"选项，界面显示单笔付款、批量转账、跨行实时转账、单笔收款、证券资金转账、新股网下申购等三级菜单。

下面以单笔付款-制单为例介绍具体操作步骤。

第一步：选择公司付款账号。付款账号可以通过下拉框进行选择，或者通过"模糊查询"进行选择；若需查询付款账户余额，则点击"查询余额"按钮获取账户余额信息，如下图所示。

第二步：选择收款银行名称。

情况一：若收款单位为相同银行，选中"收款单位为建行"单选按钮，输入收款单位账号。温馨提示：收款账户可以从常用收款账户中查找，或者选择签约及授权账户。

情况二：若收款单位为他行，则选中"收款单位为他行"单选按钮，输入"收款人账号""收款人户名"后，选择"收款人开户行"。也可以通过下拉菜单选择或直接输入收款人开户行,再选择省、市、网点。

任务四 网上银行的应用

> **提示**
> 如果选择"保存为常用收款账户"选项,下次向同一公司转账时只要点击"常用收款账户"按钮即可快速选择账号,不用再重新输入收款人信息。

2. 转账—复核(审批)

复核员登录系统需要先拔出制单员网银盾,关闭所有浏览器,再插入复核员网银盾登录企业网银。

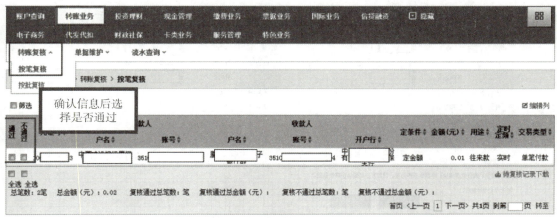

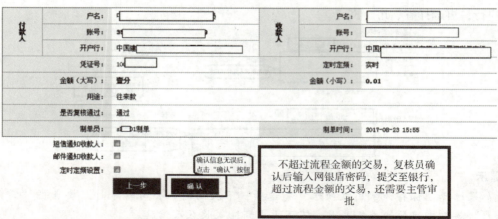

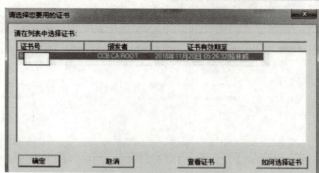

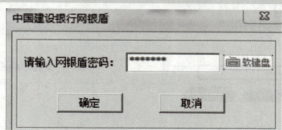

3. 转账—流水查询

选择"转账业务"菜单，再选择"流水查询"→"转账流水查询"→"按笔流水查询"选项，如下图所示。

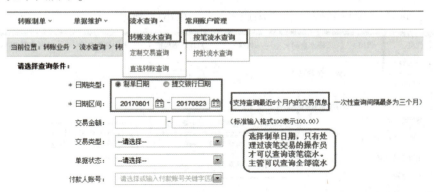

点击"确定"按钮后，可以查询到该账户发生的转账流水记录，流水记录信息包括金额、收款账号、收款单位及交易状态等要素，如下图所示。

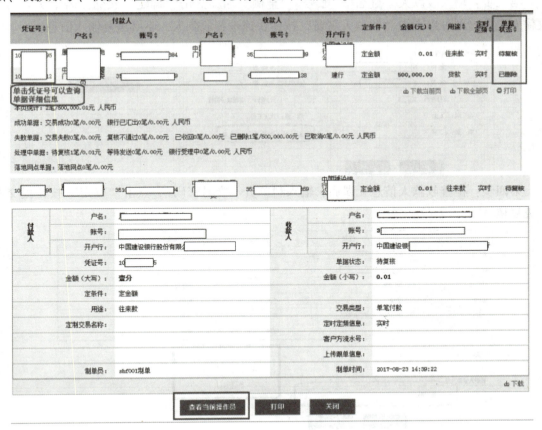

（五）代发代扣

在使用该项功能之前，需要首先向建行主办行提交客户服务申请书，银行审核通过后，后台系统将会开通此功能。

1. 代发代扣—制单—单笔制单

第一步：选择一级菜单"代发代扣"，选择"代发制单"选项，选中"单笔代发"单选按钮。

第二步：选择"项目名称"和"用途名称"，点击"确定"按钮，如下图所示。

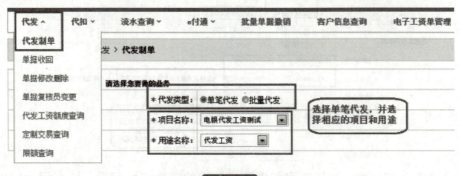

第三步：输入收款人"姓名""账号""金额"后，点击"确定"按钮。若下次向同一收款人代发，则可以点击"收款人名册"按钮快速选择收款人，不必重复输入信息。

第四步：检查收款人信息无误后，输入制单员"交易密码"，点击"确定"按钮提交下一级复核员。

制单交易完成，等待复核。

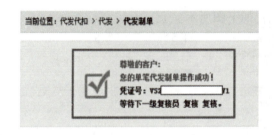

单笔复核的步骤为"代发代扣"→"代发"→"代发复核",选中"单笔"单选按钮进行代发查询。然后对需要复核的项目选中"复核通过"或"复核不通过"复选框,点击"确定"按钮确认复核。

2. 代发代扣-批量制单

第一步:选中"批量代发"单选按钮,选择相应的用途后,下载文件模板,按照模板要求填写代发内容。

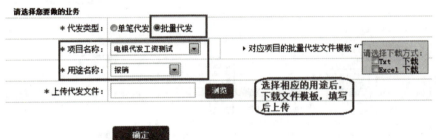

第二步:点击"浏览"按钮上传批量代发文件,点击"确定"按钮之后系统显示批量

代发总金额及笔数等信息，如下图所示。

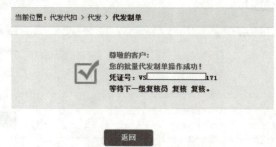

如果主管在设置流程时，选中"允许操作员查看明细"复选框，则可以查看上传的文件明细。检查收款人明细无误后，点击"关闭"按钮，回到之前的页面输入制单员交易密码，点击"确认"按钮提交下一级复核员。

3. 代发代扣—批量复核

第一步：选择一级菜单"代发代扣"，点击"批量业务单批复核"，选择"批量代发单批复核"，如下图所示。

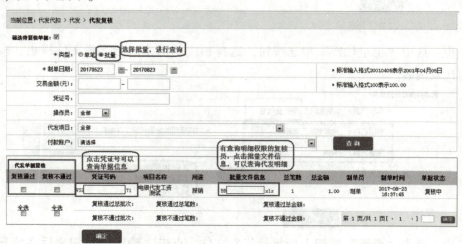

任务四 网上银行的应用

从上图中选择需批量代发的单据，如相符则选中"复核通过"复选框，点击"确定"按钮。输入网银盾口令后点击"确定"按钮，系统将提示复核成功；如不符，客户选中"复核不通过"复选框，输交易密码，系统将提示"复核不通过，此单据已作废"，退回制单员修改。

（六）电子对账

第一步：主管开通。主管登录企业网银选择"账户查询"菜单，选择"电子对账"→"电子对账签约管理"→"开通"选项进入开通页面，如下图所示。

第二步：在线签订电子对账协议。输入交易密码，点击"同意"按钮。

账户查询 ＞ 电子对账 ＞ 电子对账签约管理 ＞ 开通

中国建设银行企业网上银行电子对账服务协议

甲方：Ｂ２Ｂ测试专户
乙方：湖南省建行营业部

为加强银行账户管理，维护银行及客户利益，甲乙双方本着平等、自愿、互利的原则，就核对银行账务的有关事宜，依据《人民币银行结算账户管理办法》和相关法律、法规达成如下协议，并承诺遵守本协议中的各项条款。

一、下列用语在本协议中的含义为：
1. 对账单：用于甲乙双方核对账务信息的电子载体。
2. 明细账：银行记载的账务明细交易，用于客户逐笔勾对账务的电子载体。
3. 对账回签：客户确认账务结果后给银行反馈对账结果的行为。
4. 对账截止期：银行与客户约定的账务截止日期，按月对账截止期为每月末日；按季、半年对账截止期指每季末月末日；不定期对账截止期是指乙方根据随机对账要求确定的截止日期。
5. 定期对账：是指甲乙双方按约定对账频率以对账截止日生成对账单并发送给甲方进行账务核对的行为。
不定期对账：是指乙方在不定期对账截止期按照随机生成账单并发送给甲方进行账务核对的行为。

二、甲乙双方约定的对账方式和对账频率。
1. 甲乙双方同意在 2013 年 11 月份起对甲方：
  测试专户
共 1 个账户选择网上银行电子对账。账户（账号：4300178506105251 7773），对账频率：按半年对账

2. 网上银行电子对账：即指乙方通过网上银行按约定的定期频率向甲方发送对账单和明细账，甲方通过乙方提供的网上银行证书登陆电子对账平台进行对账单及明细账的查询和下载、对账回签、活期明细在线勾对、销账等的对账方式。

3. 当甲方账户达到下列情况时，乙方有权根据甲方的账户情况，确定对账发送频率。
  （1）达到下列条件的账户为乙方规定的重点账户，应按季度对账。
①季初余额在人民币八十万元（含）以上或等值外币的账户。
②近一个季度内发生单笔人民币八十万元（含）以上或等值外币收付的账户。
③季日均存款余额在人民币八十万元（含）以上或等值外币的账户。

并在乙方系统中设置成功后终止。
　　(2) 甲方在乙方开立的本协议项下所有账户按相关规定全部正常销户。
　　(3) 甲方不遵守本协议或乙方相关业务规则（包括调整后的业务规则）或存在其他损害乙方利益的行为时，乙方有权终止本协议。
十、其他事项
甲方确定鲁普　　　　　　　为对账联系人1（财务负责人），联系手机：13574889505　　，联系座机：844448884　　　，联系邮箱：　　　　　　，
甲方确定　　　　　　　　　为对账联系人2，联系手机：　　　　　　　　，联系电话：　　　　　　　，联系邮箱：　　　　　　　，

甲方：微微　　　　　　　　　　　　　　　乙方：湖南省建行营业部

请输入认证信息

　　* 交易密码：　●●●●●●

[同意]　　[打印]　　[返回]

第三步：主管设置权限。

待办业务　　操作员管理▼　　产品在线开通▼　　流程管理▼　　授权管理▼　　个性设置▼　　业务管理▼

　　　操作员维护
当前位置：服务管　　权限分配　　　权限分配
　　　分组管理
□ 筛选
　　　网银盾管理

	姓名	角色	网银盾编号	分组名称	状态	详情
● shf001	制单	普通操作员	804□□44		启用	查看
○ shf002	复核	普通操作员	804□□43		启用	查看

[菜单权限]　[账户权限]　[节点分配]　[收款人名册继承]

当前位置：服务管理 > 操作员管理 > 权限分配

操作员信息

操作员姓名：	制单
操作员代码：	

□ 筛选
请设置操作员的账户操作权限

选择	账户名称	账号	开户机构	账户类别	签约时间	操作权限
□	A　　部	3510□□84	中国□□□□□□□公司	签约账户	20030506	☑查询 ☑转账 ☑电子对账

□ 全选　每页显示 200 ▼　记录共3条

请输入认证信息　　* 交易密码：　　　　　　　

[确认]　[上一步]

第四步：对账。

任务四　网上银行的应用

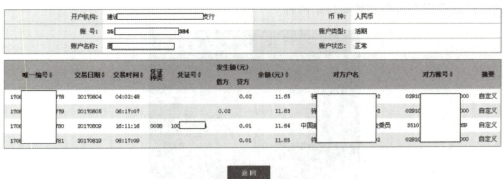

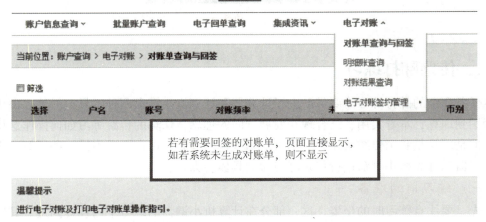

根据需要可以打印对应的对账单。

57

项目三　会计办公设备操作技能

任务五　传票翻打技术

一、传票简介

传票在会计中是指登记账目时使用的凭单,也就是人们常说的会计凭证。由于记账时会计凭证常常互相交换、传递,因此又将其称为传票。也就是说,人们在日常工作中,可能会使用到的传票有现金传票和转账传票两种。

爱丁九位传票

二、传票翻打练习

本任务介绍的翻打练习需要借助电子计算器和计算机小键盘两种工具。另外,由于实务中很少用到珠算,本着实用、结合现在发展方向的理念,珠算的传票练习如何操作这里不做介绍。但是珠算是我国传统文化的一部分,感兴趣的读者可以在课后多做一些了解。现在说明用计算器和计算机小键盘进行传票练习时的具体步骤。

(一) 练习前的准备

首先,要注意练习时的坐姿,这一部分在计算机小键盘的练习中已经提到过。其次,指法是否正确也极大地影响着练习的效果。经过前面的学习对指法已经非常熟悉了,因此此处不再赘述。

(二) 检查传票

在拿到传票之后,首先检查一下传票是否有缺页、重页、漏印的情况,检查无误后再进行下一步工作。

(三) 整理传票

为了翻页方便,需要将传票整理成扇形,这样不容易前后两张粘在一起,漏掉一些数据。如何整理成扇形呢?因为开始练习时要左手翻页,右手输入数据,所以,在将传票摆成扇形之后,用票夹夹在传票的左侧固定好,以便翻查。此处需要注意一点,扇形要求传票的封面在下端,背面在上端。

（四）翻页

传票练习时要做到每翻一页就计算本页内容，不要在计算完成前提前翻页，这样容易出现漏算的状况。传票翻页也是讲究技巧的，翻页速度会在很大程度上影响着传票运算的速度和准确度。可以将整理好的传票放在左手边，翻页时使用左手的大拇指，而且左手可以置于传票的靠左位置，这样更方便翻页。具体来说，小拇指、无名指和中指放在传票靠左位置，只做固定作用；大拇指从传票向下突出的部分翻页，此时食指迅速向下接过这页传票，并配合中指将其夹住，然后大拇指再重复刚刚的动作，形成一个循环。

（五）找页

在大多数的传票练习及比赛中，并不会按照传票本身的顺序要求大家计算，如果顺序被打乱，能做到在翻页三次之内就找到目标页码吗？找页分为顺找和倒找两种：顺找是指下一题的页码在本题之后，此时就按照上面翻页的方法进行查找；倒找是指要找的页码在本页之前，也就是在食指和中指夹着的传票之中，那么就需要向下抖落传票，同时要控制好抖落页数，由大拇指配合一起完成。下面将为大家列示一张表格，传票练习中往往也会这样出题。表格一共四列，分别是序号、页码、行数和结果。以序号1为例，表格中要求计算的是传票第一页到第六页中，每一页的第三行数相加后结果是多少。

另外，本任务中练习使用的传票为每页五排，可以是爱丁九位传票，也可以是全国珠算考试使用的传票。爱丁九位传票是活页的，每页有五排数字，而且有A、B两列分别印在相反的方向，可以正反面分别进行练习。

序号	页码	行数	结果
1	1-6	（三）	
2	12-19	（一）	
3	37-43	（五）	
4	7-11	（三）	
5	27-36	（四）	
6	20-26	（一）	
7	45-52	（二）	
……	……	……	……

珠算比赛使用的传票

> ☞ **提示**
> 在翻页时无须翻得过高，看清数字即可。一定要做到翻页和输入计算同步进行。

（六）记页

大家已经了解到传票练习时的出题规则，那么在计算时应当注意是否找对了页码，是否计算到了要求页码的最后一页，以免多算而出错。以上表中的第2序列为例，题干可以翻译为计算第12~19页每页的第一行，多做练习找到第12页并不难，但是在计算过程中要注意是否已经计算到了第19页，以免将之后页数的数字误加进去。但是，在计算时可能会将很大一部分注意力放在输入数字上，边计算边记页码难度较大。可以凭着对数字的第一反应迅速在计算器或小键盘上输入，不要将数字默念出来，更多地关注放在现在所处的页码数，这样可以提高整体的运算效率。

项目三 会计办公设备操作技能

> **☞ 提示**
>
> 在练习时可能会出现以下几种情况：不能快速找到对应页码，手忙脚乱；经常停顿卡壳，甚至要返回检查；翻页时无法做到看数、输入同时进行等。这些都没有关系，是尚不熟练的表现。大家根据以上的练习方法，左手右手协调配合多做练习才能提高自己的传票翻打技能。

一、指法训练

1. 加法指法训练（将下表中的数字按照每列、每行进行连加训练，并将最终得数填入表中）。

列 \ 行	1	2	3	4	5	6	合计
1	3455	4367	8793	2568	9087	33567	
2	221	34567	234	8305	1864	8021	
3	2479	56730	7034	1709	3354	2940	
4	6120	5091	5044	9703	29036	28039	
5	17973	2507	2054	2994	2805	27835	
6	56992	30478	6205	5028	58042	27901	
合计							—

2. 减法指法训练（按照表格列示的顺序，以第一行的数作为被减数，依次减去第2~9行的数字，并计算出每一列的最终结果）。

列 \ 行	1	2	3	4	5	6
1	54683014	67946094	25805368	17480632	47906544	25958902
2	685400	699268.9	5992378	57874	347902	6432211
3	2567.5	462782	3589421	68043	295706	4932443
4	35627.99	2794	4579054	44297	1737755	2536897
5	96436	13495	57838.8	3689.2	345804	22267.8
6	380235	265706	57948.4	25780.5	4679	364758.02
7	57067.58	23595	45893	56903.12	247.09	36478
8	689267	490931	583127	4593.99	268995	4372790
9	740192	7903399	410787	589235	58923	276804
结果						

3. 乘法指法训练（将第一列与第二列的数字相乘得出最终结果）。

1	2	结果
56.36	892.2	
388.33	58.65	
5790	55	
347	78.9	
267	906	
2167	93.8	
3856	578	
478	499	
44.55	28.01	
684.1	837	

4. 除法指法训练（将第一列与第二列的数字相除得出最终结果）。

1	2	结果
1259160	35	
1695705480	2472	
131061975	275	
1875588	572	
18902.64	32.8	
196749	567	
456147.5	57.5	
127926	1854	
284616	472	
212040	465	
62941.2	88.9	

5. 功能键的使用训练

（1）按照 A+B+C×D 的方式完成下表的练习。

A	B	C	D	结果
2536	543	467	23	
3678	5423	572	26	
633.5	6377	327.3	4637	
2767	37886	268	67	
23768.6	47682.5	457	378	
27677	44	267	1057	

项目三　会计办公设备操作技能

（2）请按照 A×B+C×D 的方式完成下表的练习。

A	B	C	D	结果
356	46	45	8.5	
134637	0.46	47.5	12.4	
3655	556.3	377	67	
943	157	167	198	
168	93	209	21	
726	204	95	64	

二、按照指法要求对以下的数字进行练习

1. 拇指与食指的练习

0147 1107 4140 7041 7701 7001 4771 7174 0174 0017 0771 1077 1701 1147 1170 7014 7744 4141 4401 1747 1044 1107 7741 7014 4114 0401 0710 4747 7104 7410 4007 1717

2. 食指与中指的练习

4578 5184 1245 1458 1478 1724 1781 2874 4721 5812 8241 8317 1874 4728 4818 4152 7541 7158 2475 8172 5287 1721 4784 4254 4824 5781 1284 7251 1872 4251 2571 2715 2851

3. 中指与无名指的练习

8369 9325 9536 9295 9853 9328 3962 5296 3295 2965 5362 3926 2939 9596 3652 5326 3289 3952 3695 9392 5239 5526 9256 5932 5382 6925 6253 6395 6392 5328 3523 5892

4. 拇指与中指的练习

02582 80505 85202 82058 80058 52080 55028 20528 88250 52080 52080 85202 28255 58220 20028 05825 80258 28850 00208 50028 88252 02280 22050 88050 22582 52808

三、自行准备每页五排的传票，然后根据要求进行练习

序号 A	页码	行数	结果
1	1~6	（三）	
2	12~19	（一）	
3	45~52	（五）	
4	27~36	（三）	
5	37~44	（四）	
6	20~26	（一）	
7	7~11	（二）	
8	53~57	（三）	

序号 B	页码	行数	结果
1	7~11	（一）	
2	12~19	（一）	
3	37~44	（二）	
4	2~6	（三）	

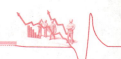

续表

序号 B	页码	行数	结果
5	27~36	(四)	
6	20~26	(一)	
7	49~52	(四)	
8	53~56	(三)	

序号 C	页码	行数	结果
1	3~9	(三)	
2	23~29	(四)	
3	10~17	(五)	
4	30~38	(二)	
5	56~60	(三)	
6	39~43	(一)	
7	66~70	(五)	
8	18~22	(三)	

四、问答题

1. 电子计算器的 GT 键有什么功能，能否举例说明。
2. 电子计算器小键盘左边从下至上依次是哪几个键？（要凭记忆回答）
3. 计算器运算功能键有哪 5 个？选择其中一个说明它的作用。
4. 电子收银机的主要构成部件有哪些？
5. 电子扫码器有哪些类型？
6. 当显示器没有反应时，应怎样处理？
7. 分小组对所学内容进行交流，有条件的可以去商场实习，现场实践。
8. 网上银行有哪两种类型？它们各自的特点是什么？
9. 自行下载任一银行的网上银行软件，进行初步练习。
10. 什么是传票？传票翻打时的步骤有哪些？

项目四

票据的填写

知识目标

- 了解票据的概念和功能。
- 熟悉票据的分类方法,区分外来原始凭证和自制原始凭证。
- 掌握填写票据数字和金额的要求。
- 掌握填写票据日期的基本要求。

技能目标

- 能根据经济业务的内容,进行外来原始凭证的填制。
- 能根据经济业务的内容,进行自制原始凭证的填制。

素质目标

提高学生的综合素养,提高帮助学生树立正确的金钱观,形成健康的世界观、遵守会计职业道德,会计职业行为规范。

任务一 票据介绍

知识导图

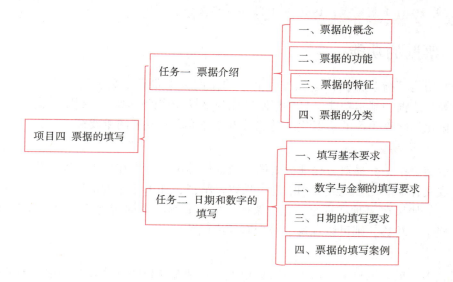

任务一 票据介绍

引导案例

会计模拟实验课上大家接触到了各种票据的填写。授课教师提出了一个问题：大家知道什么是会计票据吗？

A 同学回答：票据是一种有价证券。

B 同学回答：票据包括汇票、本票和支票。

C 同学回答：A、B 同学回答都不全面，票据分为广义和狭义两种。

D 同学回答：A、B、C 同学回答都不正确，票据是一种书面证明。

思考：你觉得什么是会计凭证？

一、票据的概念

票据是由出票人签发的、约定自己或委托付款人在见票时或指定的日期向收款人或持票人无条件支付一定金额的有价证券。票据的概念有广义和狭义之分。广义上的票据包括各种有价证券和凭证，如债券、股票、发票、提单等；狭义上的票据，即《中华人民共和国票据法》第一章总则第二条"本法所称票据，是指汇票、本票和支票"。

项目四　票据的填写

> ☞ **知识链接**
>
> 现代票据法主要起源于欧洲。《中华人民共和国票据法》（以下简称《票据法》）于1995年5月10日正式颁布，1996年1月1日起实施。

二、票据的功能

票据的功能是指票据在社会经济生活中的作用，主要有汇兑、支付、结算、流通、融资、信用等。票据的基本功能，是票据制度成为市场经济的一项基本制度。商业信用、银行信用的票据化和结算手段的票据化，是现代市场经济高度发展的重要标志。

（一）汇兑功能

在商业交易中，交易双方往往分处两地或远居异国，发生在异地之间兑换或需要转移现金。一旦成交，需要向外地或外国输送款项以供清偿，如果输送大量现金，不仅麻烦且风险也大。但是，如果在A地将现金转化为票据，再在B地将票据转化为现金，以票据的转移，代替实际现金的转移，则可以规避、减少麻烦或风险。

（二）支付功能

汇票、本票成为汇兑工具后，以支付票据代替现金支付的方式在交易中逐渐盛行。用票据代替现钞作为支付工具，可以避免清点现钞时可能产生的错误，也可以节省清点时间。因此，现实经济生活中普遍使用票据，特别是支票作为支付工具。

（三）结算功能

经济交往中，当双方当事人护卫债权人和债务人时，可运用票据进行债务抵消，使得手续简便、迅速和安全。

（四）流通功能

票据的转让无须通知债务人，只要票据要式具备就可交付或行使背书转让票据权利。自从背书转让制度出现之后，票据就具有流通功能，按照背书制度，背书人对票据的付款负有担保义务，因此，背书的次数越多，对票据负责的人数也越多，该票据的可靠性也越高。

票据虽然可以代替现金流通，但票据本身并非货币，它与货币的区别是：票据不具有法定货币的强制通用效力。因此，当债务人以法定货币清偿债务时，债权人不能不接受；但如果债务人准备以票据清偿其债务时，则必须征得债权人同意，否则债权人可以拒绝接受。

（五）融资功能

融资功能就是融通资金或调度资金。票据的融资功能通过票据的贴现、转贴现和再贴现实现。票据的融资就是通过票据贴现来实现筹集资金的作用。所谓票据贴现，是指对未到期票据的买卖行为，也就是说持有未到期票据的人通过卖出票据来得到现款。在汇票、本票的付款日期未到之前，持票人为了调动资金，可寻求将手中未到期的票据以买卖方式转让于他人。收买未到期的票据，再将其卖给需用票据进行支付或结算的人，可以通过买卖票据差价而从中获利。

（六）信用功能

信用是票据的核心功能。票据当事人可以凭借自身信誉，将未来才能获得的金钱作为现在的金钱来使用。票据的背书，可以强化票据的信用，汇票和本票都有信用工具的作用。

任务一　票据介绍

三、票据的特征

票据既然作为一种有价证券，与股票、债券等其他有价证券相比，虽有共性，但更有其自身独特的法律特征。

（一）票据是设权证券，证券记载并代表一定权利的法律凭证

设权证券上的权利在证券做成之前并不存在，做成证券就创设了证券权利；当证券灭失或毁损无法提示时，该证券权利也随之无法行使。票据就属于典型的设权证券。

（二）票据是债权证券

票据权利人对票据义务人可行使付款请求权和追索权。票据的权利是以一定的金额为请求权的债权，票据权利人（即受款人或持票人）对票据义务人（即付款人、承兑人及其保证人或被追索人）可行使付款请求权和追索权。

（三）票据是金钱证券

票据以一定的金钱为支付标的，支付"票据金额"是发行票据的唯一目的，因此票据是金钱证券。

（四）票据是流通证券

票据通过背书或交付而转让，在市场上自由流通。票据是一种债权证券，就应该具有流通性；而不像一般债权的转让需要民法规定通知债务人，才能对债务人发生效力。有的国家规定票据有绝对的流通性，如在美国，票据被称为流通证券，其票据法称为流通证券法。

（五）票据是无因证券

票据的设立是基于一定的原因的，但票据权利的成立，不以债权人与债务人的原因关系成立和有根据为前提。票据关系和原因关系各自独立。持票人持有的票据只要要式具备，即可行使票据上的权利，也就是说持票人不必证明自己取得票据的原因就有权请求付款人履行付款义务；付款人也不必过问持票人取得票据的原因，只要票据要式具备，背书连续即需无条件付款。即使这种原因关系无效，对票据权利的行使也不发生影响。

（六）票据是文义证券

票据上所创设的权利和义务，均依票据上记载的文字内容来确定，不受票据上文字以外事项的影响。在票据上签名的人，均应依签名时的票据文义对票据负责，不得以票据以外的证据来变更或补充其文义。因此，票据的文义性维护了善意持票人的正当权益，以达到保护交易安全的目的。

（七）票据是要式证券

票据必须依法定形式制作才能具有法律效力。各种票据除必须采用书面形式外，还必须标明其票据种类，严格依据《票据法》的规定记载应载明的事项。例如，出票人姓名；票据金额；付款人和收款人姓名、日期、地点、签名等。票据若不符合这些法定形式，则该票据无效。另外，票据的签发、转让、承兑、付款、追索等行为，也必须严格依据《票据法》规定的程序和方式进行才有效。据此，票据的要式性使其有别于一般债权凭证的任意记载性，即不要式证券。

项目四 票据的填写

> ☞ **知识链接**
>
> （1）票据是占有证券。任何人如果要主张票据权利，就必须实际占有票据。如果票据失窃、毁损、灭失或处置，就无法向付款人主张权利。因此，票据权利主张需以占有票据为前提。
>
> （2）票据是提示证券。票据权利人请求付款或行使追索权时，必须向义务人提示票据。义务人经审查票据是否真实及是否具备要式后，才可按票据文义履行付款义务。由此可见，票据是提示证券。
>
> （3）票据是返还证券。票据的占有性和提示性决定了票据必须是返还证券，即权利人的票据权利实现后，必须将票据返还给义务人。因此，票据上的权利与票据的占有是不可分离的，持票人需交出票据，才能取得票面上所载的金额。付款人是主债务人时，付款后票据关系消灭；付款人是次债务人时，付款后持该票据向其前手追索。

> ☞ **提示**
>
> 票据的特征虽有十个之多，但它们并不是简单、杂乱的排列，而是有着内在的有机联系。

四、票据的分类

票据可以按照取得来源、格式、填制的手续和内容进行分类。

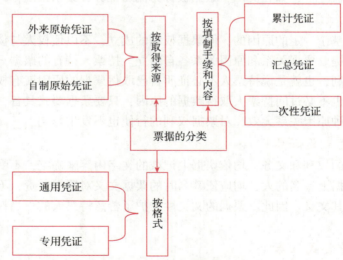

最常用的分类方法是按取得来源，下面进行详细介绍。

（一）外来原始凭证

1. 支票

支票是指出票人签发的，委托办理支票存款业务的银行或其他金融机构在见票时无条件支付确定的金额给收款人或持票人的票据。

支票的特征：①支票是委付证券；②我国的支票只有即期支票，即无承兑制度。

支票的种类：主要分为3类，即现金支票、转账支票和普通支票。

☞ 知识链接

（1）现金支票：支票上印有"现金"字样，开户单位用于向开户银行提取现金的凭证。现金支票只能用于支取现金，是现今企业最常见的支票种类。

（2）转账支票：支票上印有"转账"字样，用于单位之间的商品交易、劳务供应或其他款项往来的结算凭证。转账支票只能用于转账。

（3）普通支票：支票上未印有"现金"或"转账"字样的为普通支票，既可以用于支取现金，也可以用于转账。普通支票左上角划两条平行线的，为划线支票，划线支票只能用于转账，不得支取现金，不划线时就作为现金支票使用。

☞ 提示

转账支票可以背书转让，现金支票不得背书转让。

2. 银行汇票

银行汇票是指由出票银行签发的，由其在见票时按照实际结算金额无条件付给收款人或持票人的票据。出票银行为银行汇票的付款人。

银行汇票的主要内容：收款人姓名或单位；汇款人姓名或单位；签发日期（发票日）；汇款金额、实际结算金额、多余金额；汇款用途；兑付地、兑付行、行号；付款日期。

银行汇票的格式如下图所示。

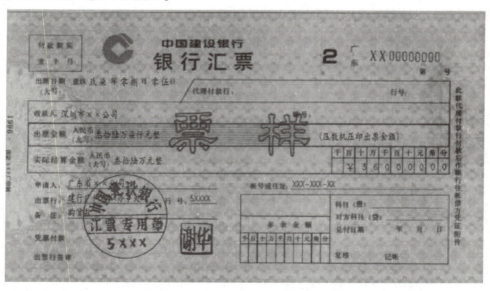

3. 银行本票

银行本票是申请人将款项交存银行，由银行签发的承诺自己在见票时无条件支付确定的金额给收款人或持票人的票据。银行本票可用于转账，注明"现金"字样的也可用于支取现金。

项目四 票据的填写

☞ **知识链接**

（1）不定额银行本票是指凭证上金额栏是空白的，签发时根据实际需要填写金额（起点金额为 100 元），并用压数机压印金额的银行本票。

（2）定额银行本票是指凭证上预先印有固定面额的银行本票。定额银行本票面额为 1000 元、5000 元、10000 元和 50000 元，其提示付款期限自出票日起最长不得超过 2 个月。

☞ **提示**

银行本票，见票即付，不予挂失，当场抵用，付款保证程度高。

4. 商业汇票

商业汇票是出票人签发的，委托付款人在指定日期无条件支付确定的金额给收款人或持票人的票据。商业汇票分为商业承兑汇票和银行承兑汇票。

☞ **知识链接**

（1）商业承兑汇票由银行以外的付款人承兑（付款人为承兑人）。

（2）银行承兑汇票由银行承兑。商业汇票一般有 3 个当事人，即出票人、收款人和付款人。付款期限最长不得超过 6 个月（电子商业汇票可延长至 1 年）。

银行承兑汇票和商业承兑汇票的格式如下图所示。

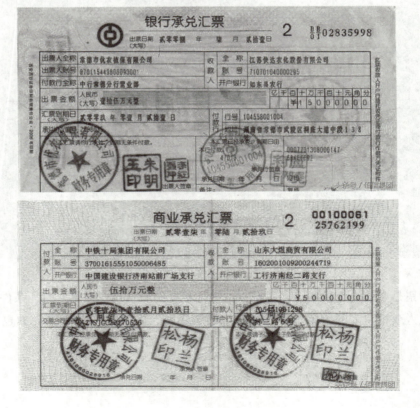

任务一　票据介绍

> ☞ **提示**
>
> 商业汇票主要看出票人的经济实力，银行能赚取的保证金存款或手续费用比较少，不如银行汇票流通性高；现实社会中如果可以选择银行汇票尽量不选择商业汇票。

5. 增值税专用发票

增值税专用发票只限于增值税一般纳税人领购使用，既作为纳税人反映经济活动中的重要会计凭证，又是兼记销货方纳税义务和购货方进项税额的合法证明。

增值税专用发票的格式如下图所示。

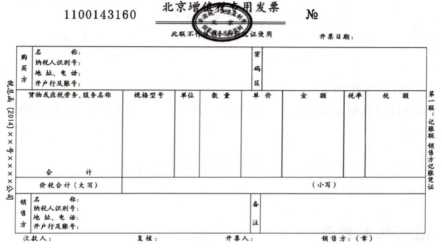

6. 差旅费报销单

差旅费报销单是出差人员出差后向公司进行报销的有效单据凭证，各公司单据格式不尽相同。

差旅费报销单的常见格式如下图所示。

差旅费报销单

起日		止日		合计天数	各项补助费									车船杂支费						合计
					伙食补助			住宿补助			未买卧铺补助			夜间乘硬座超过12小时补助	火车费	汽车费	轮船费	飞机费	市内交通	住宿费	其他杂支	
月	日	月	日		天数	标准	金额	天数	标准	金额	票价	标准	金额									
合计人民币大写								万		仟		佰		拾		元		角		分		
原借出差旅费								元		报销				元		剩余交回				元		
出差事由																						

领导签字：　　　　　　　　会计主管签字：　　　　　　　　领款人签字：

项目四　票据的填写

差旅费报销单

部门：　　　　　　　　　　　　　　年　月　日　　　　　　　　　　　金额单元：元
出差人：

出发		到达		交通工具	车船费		出差补贴		项目	单据张数	金额
月	日	地点	月	日	地点		单据张数	金额	天数	金额	车船费和出差补贴		
											住宿费		
											市内交通		
											办公用品费		
											其他		
报销金额（大写）						¥					合计金额		

部门负责人：　　　　　　　　　　财务负责人：　　　　　　　　　　出纳：

（二）自制原始凭证

自制原始凭证包括现金交款单、收款收据、借款单、入库单、出库单、领料单……

任务二　日期和数字的填写

一、填写基本要求

（一）记录真实

票据上填制的日期、经济业务内容和数字必须是经济业务发生或完成的实际情况。

（二）内容完整

填制票据，必须要内容完整，要素齐全。需特别注意以下几点。

（1）票面上填写的大写与小写金额必须相符。

（2）购买实物的票据，必须有验收证明。

（3）支付款项的票据，必须有收货单位和收款人的收款证明。

（4）一式多联的票据，应当注明各联用途，且只能以一联作为报销凭证。

（5）从外单位取得的票据，必须盖有填制单位的公章；从个人取得的票据，必须有填制人的签名或签章。自制原始票据必须经由部门领导或其他指定人员的签字。对外开出的票据，必须加盖单位公章。

（6）经上级有关部门批准的经济业务，应当将批准文件作为原始票据的附件。

（三）填制及时

经济业务一经发生或完成，应立即填制凭证，并按规定程序进行传递，不积压、不拖延、不事后补制。

（四）书写清楚，格式规范

（1）票据要用蓝色或黑色钢笔、碳素笔填写。

（2）阿拉伯数字不可连笔写，阿拉伯金额数字前应当书写货币币种符号或货币名称简写和币种符号。币种符号与阿拉伯数字之间不得留空白。

（3）所有以元为单位的阿拉伯数字，除表示单价等情况外，一律填写到分角；无分角的，角位和分位写"00"，或者符号"—"；有角无分的，分位应当写"0"，不得用符号"—"替代。

（4）汉字大写，在"元"或"角"字之后应当写"整"或"正"。阿拉伯数字之间有"0"时，汉字大写金额要写"零"字。

（五）顺序填写

各种票据必须连续编号，以便查找。如果凭证已有预先编号，填制时应按照编号的次序使用，跳号或写错的凭证需加盖"作废"标记，并连同存根一并保管，不得撕毁。

（六）改错规范

票据不得涂改、挖补、刮擦。填制时发现填制有误的票据，应当作废重填，连号的要标明"作废"标记并由填制人签章，完整留存；填制完成后发现有误或不完整的，应按会计法规、制度办理。

二、数字与金额的填写要求

（一）中文大写数字

零、壹、贰、叁、肆、伍、陆、柒、捌、玖、拾、佰、仟、万、亿、元（圆）、角、分、整（正），汉字大写要以正楷或行书字体书写，不得连笔。

（二）金额和货币符号

（1）大写金额数字前未印刷货币名称的，应当加填货币名称，货币名称与数字金额之间无空白，常用货币名称为："人民币""美元""欧元""日元""英镑""欧元""港币""澳门元""卢布"等。

（2）大写金额到"元"或"角"，之后应写"整"字；大写金额有"分"的，"分"字后面不写"整"字。

（三）大小写数字金额书写的转换

（1）阿拉伯金额数字之间有"0"时，汉字大写金额要写"零"字，如"104.50"，汉字大写金额应写成"人民币壹佰零肆元伍角整"。

（2）阿拉伯数字之间出现连续多个"0"时，汉字只写一个"零"字，如"1,008.79"，汉字大写金额应写成"人民币壹仟零捌元柒角玖分"。

（3）印有位数的，阿拉伯数字之间有几个"0"，应逐位填写零；大写金额前有空位的，应用"□"逐位补齐。

☞ 想一想

为什么法律法规规定要同时有大写和小写数字金额？

项目四 票据的填写

三、日期的填写要求

票据的出票日期必须用中文大写。为防止编造票据的出票日期，在填写月、日时，月为壹、贰和壹拾的（1、2、10），日为壹至玖和壹拾、贰拾和叁拾的（0~9、10、20、30），应在其前加"零"；日为拾壹至拾玖的（11~19），应当前面加"壹"。例如，2月19日，应写成零贰月壹拾玖日。

☞ 想一想

1月8日、3月10日和2月22日应怎样写？

四、票据的填写案例

（一）支票的填写

以企业最常用的现金支票为例，如下图所示。

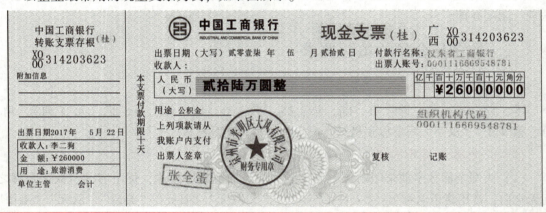

要素	填写规范
出票日期	支票的日期必须用中文大写。注意"零"和"壹"的添加（见日期的填写要求）
收款人	（1）现金支票的收款人可以填写本单位名称，也可以填写收款人个人姓名。 填写本单位名称时，现金支票背面的"被背书人"栏需要加盖本单位的财务专用章和法人章，然后收款人可凭现金支票直接到开户银行提取现金。 （2）若填写的是个人姓名，则背面不需要加盖签章，需要写收款人身份证号和发证机关的名称，凭本人身份证和现金支票签字后提取现金
付款行名称、出票人账号	为本单位的开户银行名称和银行账户
人民币	人民币的金额必须用中文大写，并标明"人民币"字样。人民币小写金额，最高金额的前一位用"¥"。例如，¥43187，应写成"人民币肆万叁仟壹佰捌拾柒元整"；¥1000.57，应写成"人民币壹仟元伍角柒分"
用途	（1）现金支票的用途受限制，一般填写"备用金""差旅费"或"劳务费"等。 （2）转账支票的用途没有具体规定，按真实用途填写即可，如"贷款""还借款"或"奖金"
加盖印章	支票正面需盖财务专用章和法人签章，缺一不可。注意印泥为红色，印章必须清晰，否则作废

任务二　日期和数字的填写

其他注意事项	(1) 支票正面不能有涂改痕迹。受票人如果发现填写不全，可以补记但是不能涂改，否则作废。 (2) 支票的有效期为十天，日期首尾只算一天，节假日顺延。 (3) 作废支票应由签发单位自行注销，与存根一同保存，在结清账户时同空白支票一并交还给银行，不得随意丢弃

【实账案例】

2018年10月23日，奥美食品有限公司出纳开出一张24 000.00元现金支票给华星公司，用于支付工资。试做出该笔支票。

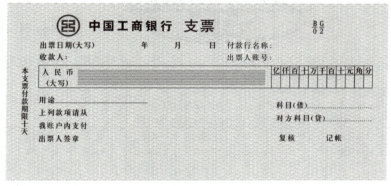

（二）银行汇票的填写

银行汇票一式四栏，第一栏为卡片，由出票银行留存；第二栏为银行汇票，交汇票申请人；第三栏为银行汇票解讫通知，交汇票申请人；第四栏为多余款项收款通知，汇票款单位在收到银行退回的汇票多余款时作为记账凭证。银行汇票的出票日期要大写。

【实账案例】

20××年6月18日，成都国通电动自行车有限公司向盛华机械股份有限公司购入货物，价税合计8 560元，合同约定以银行汇票结算。联丰科技有限公司向银行申请的汇票金额为9 000元。请做出该笔银行汇票。

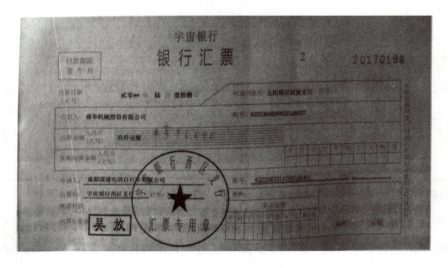

项目四　票据的填写

（三）银行本票的填写

本票为单栏式，不定额本票规定为一式两联：第一栏为卡片，由出票银行留存，第二栏为银行本票，由签发银行盖章后交给银行本票申请人。银行本票的出票日期要大写。

【实账案例】

2019年5月5日，北京北苑有限责任公司购买联想笔记本电脑5台，货款以银行本票结算，请根据增值税发票做出银行本票。

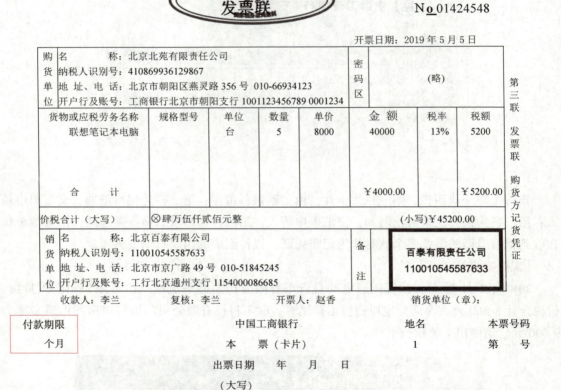

（四）商业汇票的填写

商业承兑汇票基本联次为一式三联，第一联为银行记账使用；第二联交收款单位，收款单位到期存入银行；第三联用于出票人存查。

任务二 日期和数字的填写

【实账案例】

1. 2019 年 6 月 4 日，宏伟工厂向北京百泰有限公司购买联想笔记本电脑 4 台，发票已收到，总价款 36 160 元，价款签发并承兑付款期限为 3 个月的商业承兑汇票一张，电脑未收到。请根据增值税专用发票做出商业承兑汇票。北京百泰有限公司开户银行：工行北京通州支行，账号：1154000086685。

2. 2016 年 10 月 21 日，贤力食品有限公司出纳开出一张 2016 年 11 月 30 日到期的银行

项目四 票据的填写

承兑汇票，支付之前所欠全仁有限公司的贷款 82320 元。请做出该银行承兑汇票。

银行承兑汇票

付款人	全称	贤力食品有限公司		收款人	全称	全仁有限公司									
	账号	621700381008785000			账号	6288598642135690000									
	开户银行	中国××银行洞府路支行			开户银行	中国××银行大子路支行									
开票金额	人民币 （大写）	捌万贰仟叁佰贰拾元整				亿	千	百	十	万	千	百	十	元	角	分
								￥	8	2	3	2	0	0	0
汇票到期日（大写）		贰零壹陆年壹拾壹月叁拾日		付款行	行号	424548									
承兑协议编码		750004882			地址	××市××区洞府路 333 号									
本汇票请你行承兑，到期无条件付款				本汇票已经承兑，到期日由本行付款。 承兑行签章											
			出票人签章	备注：				复核：小刘　　记账：小罗							

（五）增值税专用发票的填写

增值税专用发票由基本联次或基本联次附加其他联次构成，基本联分为三联：第一联为记账联，是销货单位的记账凭证；第二联为抵扣联，是购货单位的扣税凭证；第三联为发票联，是购货单位的记账凭证。

栏次	填写规范
购货单位	填写购货单位的合格全称、纳税人识别号、详细地址、电话号码及开户银行和账号
货物及应税劳务	填写销售货物或提供应税劳务的名称、型号、单位、数量、单价、金额、税率及税额。可附带"销售清单"
价税合计	填写增值税专用发票的价款和税款的合计金额。大小写金额的填制（见数字与金额的填写要求）
销货单位	填写销货单位的相关信息，填写规则与"购货单位"一致
备注	此栏一般用于发票作废时，用蓝黑色墨水笔标注"作废"二字
收款人	填写销货单位的收款人姓名
复核	填写销货单位复核此发票的人员姓名
开票人	填写销货单位的开票人姓名
销货方（章）	加盖销货单位的发票专用章

【实账案例】

2019 年 6 月 27 日，宏伟工厂（纳税人识别号：410869936166667，地址：北京市海淀区林大路 356 号，开户行及账号：工商银行北京市海淀支行 1001123456789 0008888）向北京百泰有限公司（纳税人识别号：110010545587633，地址和电话：北京市京广路 49 号 010-51845245，开户行与账号：工行北京通州支行 1154000086685）购买电脑 3 台，单价 8 000 元/台。请做出一张增值税专用发票。

任务二　日期和数字的填写

北京市增值税专用发票

发票联

No 01424550

开票日期：2019 年 6 月 27 日

购货单位	名　　　　称：宏伟工厂 纳税人识别号：410869936166667 地　址、电　话：北京市海淀区林大路 356 号 010-66934123 开户行及账号：工商银行北京市海淀支行 1001123456789 0008888	密码区	（略）

货物或应税劳务名称	规格型号	单位	数量	单价	金额	税率	税额
联想笔记本电脑		台	3	8000	24000	13%	3120
合　　　　计					¥24000.00		¥3120.00

价税合计（大写）	⊗贰万柒仟壹佰贰拾元整	（小写）¥27120.00

销货单位	名　　　　称：北京百泰有限公司 纳税人识别号：110010545587633 地　址、电　话：北京市京广路 49 号 010-51845245 开户行及账号：工行北京通州支行 1154000086685	备注	百泰有限责任公司 110010545587633

收款人：雯红　　　　复核：李红　　　　开票人：胡杨　　　　销货单位（章）：

第三联　发票联　购货方记账凭证

（六）差旅费报销单的填写

差旅费报销单如下表所示。

差旅费报销单

部门：　　　　　　　　　　　　　　年　月　日　　　　　　　　　　金额单位：元

出差人：

出发		到达		交通工具	车船费		出差补贴		项目	单据张数	金额
月	日	地点	月	日	地点		单据张数	金额	天数	金额	车船费和出差补贴		
											住宿费		
											市内交通		
											办公用品费		
											其他		
报销金额（大写）							¥				合计金额		

部门负责人：　　　　　　财务负责人：　　　　　　出纳：

差旅费报销的填写要求如下表所示。

部门	填写出差所在部门	非必须
日期	填写报销单填写的日期	必须
出差人	出差人姓名	必须
出差事由	出差要达到的目的	非必须
到达地点	出差目的地	必须
项目金额	按项目发生费用填写	必须

项目四　票据的填写

续表

合计金额	按实际发生金额总额填写，左边为大写数字，右边为小写数字	必须
原借款金额	预先向公司请款的金额	非必须
报销金额	实际发生的差旅费用，需提供相应单据证明	必须

【实账案例】

2019年7月10日，北京百泰有限公司销售电脑给宏伟工厂，这批电脑共计6台，单价为8 000元/台，增值税税率为13%。请做出增值税专用发票。

发票联　　　　　　　　　　No 01424551

				开票日期：2019年7月10日			
购货单位	名　称：宏伟工厂 纳税人识别号：410869936166667 地址、电话：北京市海淀区林大路356号 010-66934123 开户行及账号：工商银行北京市海淀支行 1001123456789 0008888			密码区	（略）		第三联 发票联 购货方记账凭证
货物或应税劳务名称	规格型号	单位	数量	单价	金额	税率	税额
联想笔记本电脑		台	6	8000	48000	13%	6240
合　　计					￥48000.00		￥6240.00
价税合计（大写）	⊗伍万肆仟贰佰肆拾元整					（小写）￥54240.00	
销货单位	名　称：北京百泰有限公司 纳税人识别号：110010545587633 地址、电话：北京市京广路49号 010-51845245 开户行及账号：工行北京通州支行 1154000086685			备注	百泰有限责任公司 110010545587633		
收款人：		复核：		开票人：		销货单位（章）	

课后练习

一、单项选择题

1. 在我国，不属于票据的是（　　）。
   A. 银行汇票　　B. 商业发票　　C. 商业汇票　　D. 支票

2. 根据《支付结算办法》的规定，A企业发现其持有由B公司签发的销售金额为50万元的转账支票为空头支票后，可以向B公司要求赔偿（　　）。
   A. 25000元　　B. 15000元　　C. 10000元　　D. 20000元

3. 根据《支付结算办法》的规定，票据签发后，（　　）可以更正。
   A. 出票日期　　B. 收款人名称　　C. 用途　　D. 票据金额

4. 下列说法错误的是（　　）。
   A. 票据金额以中文大写和阿拉伯数字同时记载
   B. 结算凭证金额以中文大写和阿拉伯数字同时记载

C. 票据和结算凭证上以中文大写和阿拉伯数字同时记载的金额必须一致

D. 票据和结算凭证上以中文大写和阿拉伯数字同时记载的金额若不一致，更正后，银行可以受理

5. 下列说法错误的是（   ）。

A. 中文大写金额数字应用正楷或行书填写

B. 中文大写数字写到"角"为止的，在"角"之后应写"整"字

C. 中文大写数字金额前应标明"人民币"

D. 阿拉伯小写金额数字要认真填写，不得连写，分辨不清

6. 票据的出票日期为 10 月 20 日，则票据上的出票日期应写为（   ）。

A. 10 月 20 日　　　　　　　　B. 零壹拾月零贰拾日

C. 零壹拾月贰拾日　　　　　　D. 壹拾月零贰拾日

7. 票据的出票日期为 2 月 12 日，则票据上的出票日期应写为（   ）。

A. 2 月 12 日　　　　　　　　　B. 零贰月壹拾贰日

C. 贰月壹拾贰日　　　　　　　D. 零贰月拾贰日

8. 下列不符合支付结算凭证填写要求的有（   ）。

A. 中文大写金额数字前应标明"人民币"字样，大写金额数字与"人民币"字样填写之间应留有空白

B. 大写金额数字前未印"人民币"字样的，应加填"人民币"三字

C. 在票据和结算凭证大写金额栏内不得预印固定的"仟、佰、拾、万、元、角、分"字样

D. 票据出票日期使用小写填写的，银行不予受理

9. 有关票据出票日期的说法，正确的是（   ）。

A. 票据的出票日期必须使用中文大写

B. 在填写月、日时，月为壹、贰和壹拾的应在其前加"壹"

C. 在填写月、日时，日为拾壹至拾玖的，应在其前面加"零"

D. 票据出票日期使用小写填写的，银行也应受理

10. 下列属于支票的相对记载事项的是（   ）。

A. 无条件支付委托　　B. 付款人名称　　C. 出票日期　　D. 付款地

二、多项选择题

1. 出票人签发空头支票，则（   ）。

A. 银行应予以退票

B. 银行应按票面金额处以 3% 但不低于 1000 元的罚款

C. 持票人有权要求出票人赔偿支票金额 2% 的赔偿金

D. 对屡次签发的，银行应停止其签发支票

2. 可支取现金的支票有（   ）。

A. 现金支票　　　　B. 转账支票　　　　C. 普通支票　　　　D. 划线支票

3. 支票的（   ），可以由出票人授权补记。

A. 付款人名称　　　B. 出票日期　　　　C. 支票的金额　　　D. 收款人名称

4. 关于支票，下列说法正确的有（   ）。

A. 支票适用于同一票据交换地区

B. 支票的付款人为支票上记载的出票人开户银行
C. 支票的付款地为付款人所在地
D. 用于支取现金的支票可以背书转让

5. 本票未记载（　　）的，本票无效。

A. 表明"本票"的字样　　　　　　B. 无条件支付的承诺
C. 付款地　　　　　　　　　　　　D. 出票地

6. 关于商业汇票，下列说法正确的有（　　）。

A. 商业汇票分为商业承兑汇票、银行承兑汇票和银行汇票3类
B. 出票人不得签发无对价的商业汇票
C. 持票人超过提示付款期限提示付款的，持票人开户银行不予受理
D. 汇票未按规定期限提示承兑的，持票人丧失对其前手的追索权

7. 不属于银行本票付款日期的有（　　）。

A. 出票后定期付款　　　　　　　B. 出票后定日付款
C. 见票后定期付款　　　　　　　D. 见票即付

8. 关于银行本票，下列说法正确的有（　　）。

A. 填明"现金"字样的银行本票不得背书转让
B. 填明"现金"字样的银行本票丧失，不得挂失止付
C. 未填明"现金"字样的银行本票丧失，可以挂失止付
D. 未填明"现金"字样的银行本票可以背书转让

9. 行使追索权的当事人可能是（　　）。

A. 最后被背书人　　　　　　　　B. 保证人的等级
C. 背书人　　　　　　　　　　　D. 承兑人

10. （　　）属于票据的基本当事人。

A. 出票人　　　B. 付款人　　　C. 收款人　　　D. 承兑人

三、判断题

1. 票据和结算凭证的金额、出票或签发日期、收款人名称不得更改，更改的结算凭证无效，且银行不予受理。（　　）
2. 票据出票日期使用小写，银行可予受理，但由此造成损失的，由出票人自行承担。（　　）
3. 付款人的承兑附有条件的，则该票据无效。（　　）
4. 商业汇票的提示付款期限，自汇票出票日起10日。（　　）
5. 商业承兑汇票的出票人与付款人具有真实的委托付款关系。（　　）
6. 汇出银行向汇款人签发的汇款回单，是该笔汇款已转入收款人账户的证明。（　　）
7. 单位可超过现金结算起点向出差人员支付必须随身携带的差旅费。（　　）
8. 单位收到现金收入，只能于收到现金的当日送存开户银行。（　　）
9. 票据的相对记载事项是指不强制当事人必须记载而允许当事人自行选择，不记载时不影响票据效力。（　　）
10. 根据《票据法》的规定，票据的付款人是受出票人委托付款或自行承担付款责任的人。（　　）

项目五

财务印鉴的使用

知识目标

- 了解公司财务印章和印鉴的分类。
- 熟悉各种印章的使用规定和后期维护。
- 掌握财务印章的刻制、变更、遗失和注销。
- 掌握电子印章的使用程序。

技能目标

- 企业印章是企业身份和权力的证明,掌握公章合同专用章等印章的使用要求和使用流程。
- 为了让大家成为合格的财会人员,掌握财务印章的相关管理和后期维护。
- 认识电子印章,并了解和掌握电子印章的使用流程。

素质目标

指引学生养成良好的专业素养和职业习惯,时刻遵照职业守则、遵循会计准则和遵守法律规则,帮助其确立正确的价值观。

项目五　财务印鉴的使用

知识导图

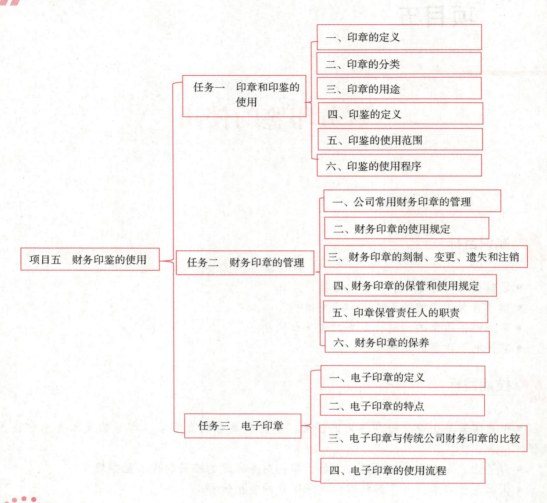

引导案例

　　早在远古时代，社会上就已经出现了与印章有着类似功能的特定信物。因为原始社会都是小部落群居，那时的人们日出而作、日落而归，劳动成果平均分配，所以当时的社会发展水平还远远没有达到需要使用印章的阶段。但是，随着旧时部落群体的日益壮大，部落的领土面积也不断扩张，部落首领发现他们没有办法同时管理诸多地区，于是"将土地分封给不同的人进行管理"，这种管理方式便应运而生了。首领为了更加方便地管理部落的百姓，便将身边的象征性物品分给各地的封主，百姓"见物如见人"，也就服从地方管理人员的管理了。这应该就是印章的雏形了，那时的人们通过某一特定信物来象征特定的身份，当首领要进行地方管理或需要发布重要消息时，管理人员只需出示该信物便可表示"绝对权威"，从而达到部落日常管理的目的。

任务一　印章和印鉴的使用

但是，从中可以发现，远古时期的特定信物并不能精准地传达上级的命令，部落首领很难保证他们的指令能够准确地传到地方。随着文字的产生与发展，印鉴的出现和使用便解决了信息传递不准确的问题。古代皇帝需要下达命令时，通常写一篇文书，并在上面加盖帝王的玉玺印章，这些盖有印章的文书转交到地方官员的手上，地方官员便可按照皇帝的旨意来进行地方的管理。那个时候民间的老百姓进行商品交易时，为了避免买家和卖家的商业纠纷，也需要按手印画押来表示双方对协议的认可，这也是商业合同的雏形，如下图所示。

随着当今商业经济的日益发展及生产工艺水平的不断提高，印章正式产生并获得了完善和发展。印章的出现和使用便很好地解决了按手印和画押的弊端。印章不仅在企业的日常商业活动中得到了广泛的使用（公司在文件上加盖带有公司名称的印章的方式来保证商业活动的有效进行），在现代生活中，个人也可以通过在合约上签字盖章。由于签字和印章不易模仿和仿制，因此可以实现有效识别身份的目的。

在开始本项目的学习前，请先思考两个问题：在企业的日常经济事务中为什么要盖章？印章又是如何随着社会发展进行演变的？

任务一　印章和印鉴的使用

一、印章的定义

企业印章是企业身份和权力的证明。盖有企业印章的文件是受法律保护的有效文件，同时意味着企业对文件的内容承担法律责任。企业印章如被他人盗用或冒用，很可能给企业带来不必要的纠纷和企业无法承担的责任。

☞ 提示

企业印章是公司经营管理活动中行使职权的重要凭证和工具，印章的管理关系到公司正常经营管理活动的开展，甚至影响到公司的生存和发展。

项目五　财务印鉴的使用

> ☞ **想一想**
> （1）企业的日常经济活动和财务工作中常用的印章有哪些？
> （2）企业的重要印章都由哪些部门人员进行保管？
> （3）印章丢失或磨损应该怎么处理？

二、印章的分类

（一）公章（需要在公安局备案）

公章代表公司对外签章，在企业对外的正式信函、文件、报告、章程、证明及相关材料的复印件中使用。例如，太原安心集团有限公司的公章如下图所示。

国营单位、事业单位、有限公司、个体户、政府机关、军队的公章均为圆形，其中公司的公章为42mm，个体的公章为38mm，不同地区的尺寸可能会有些许的差别，一般在38～42mm之间。我国港澳台地区及外资企业的公章为45mm×30mm的椭圆形双边章。公章通常在公文材料、证明材料及签订合同时使用。公章的制作材质常使用塑胶、牛角、木头、金属等。

（二）财务专用章（需要在公安局备案）

财务专用章主要与法人章一起作为银行预留印鉴（公司财务负责人去银行开户时留存的印鉴），用于公司票据的出具使用。例如，在银行取现金，进行转账支票、银行承兑汇票等银行结算业务，还可以用于开具收据给对方单位进行会计核算。一般由企业的专门财务人员，如财务主管或出纳等来管理。例如，广州印象酒店公寓的财务专用章如下图所示。

财务专用章大部分为正方形，尺寸为22mm×22mm，上半部分为执照上的标准名称，下半部分为"财务专用章"字样（部分地区为椭圆形或圆形加星的形状）。财务专用章的常用制作材质为牛角。注意，原子章和塑胶章不允许用作财务专用章，但可以加盖在支票和发票上（等同于发票专用章）。

（三）法定代表人章（无须在公安局备案）

法定代表人章简称法人章，代表公司的法定代表人认可，一般不单独使用，与公章一起使用表示法人认可，与合同章一起使用可用于合同签章，与财务章一起使用可用于银行的预留印鉴。注意，法定代表人章如果单独使用只代表法人的个人行为，如果与其他章一同使用就代表公司行为。法人章用于特定的用处，公司出具票据时也要加盖此印章，通常称为银行小印鉴。法定代表人章尺寸为 16mm×20mm，通常为方形，材质为有机玻璃和牛骨。注意，塑胶印和原子章在刻制法人章时不允许使用。法人章常用于银行印鉴，其样章如下图所示。

（四）合同专用章（需要在公安局备案）

合同专用章专门用于签订合同时使用，没有合同章的一般用公章也可以，但需要公章的不能使用合同章。例如，广州市诚信印章有限公司合同专用章如下图所示。

（五）发票专用章（需要在公安局备案）

发票专用章在财务人员开票或领票时使用。发票章为椭圆形，尺寸为 40mm×28mm，上半部分刻有公司名称，中间部分为税号，下半部分为"发票专用章"字样，在最下方还会刻有防伪码（但是有些城市还没有实施防伪码），其样章如下图所示。

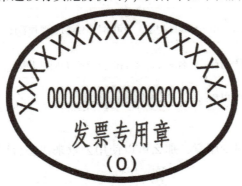

项目五　财务印鉴的使用

> ☞ **想一想**
>
> 　　企业常用印章（公章、财务专用章、法定代表人章、合同专用章、发票专用章）中，哪些需要在公安局备案，哪些不需要备案？

（六）其他用章

公司的其他用章有很多种，如常见的收讫印章、受理印章、质检部门专用章、用于质检部门报告用章、业务部门采购用章，还有一些其他的财务章也属于此类，如下图所示。

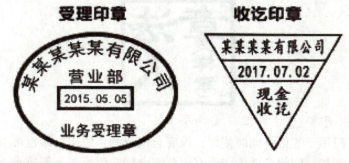

> ☞ **想一想**
>
> 　　企业常见的印章有哪5种呢？其中哪些需要在公安局备案？
> 　　有"银行小印鉴"之称的印章是哪个印章？

知识拓展

　　企业常见的公章、财务专用章、法定代表人章、合同专用章、发票专用章，其中除了法定代表人章不需要在公安局备案以外，其他的4种财务印鉴都需要在公安局备案。

三、印章的用途

```
                ┌─ 公章：用于公司对外事务处理，工商、税务、银行等外部事务处理时需要加盖
                │
                ├─ 财务章：用于公司票据的出具，支票等在出具时需要加盖，通常称为银行大印鉴
                │
  印章的用途 ────┼─ 法人章：用于特定的用途，公司出具票据时也要加盖此印章，通常称为银行小印鉴
                │
                ├─ 合同专用章：顾名思义，通常在公司签订合同时需要加盖
                │
                └─ 发票专用章：在公司开具发票时需要加盖
```

1. 公章

如果一个企业没有合同专用章，那么可以使用公章来代替合同专用章。

2. 财务章

如果一个企业没有发票专用章，那么可以使用财务章来代替发票专用章。

任务一　印章和印鉴的使用

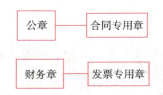

3. 法人章

法人代表章用于特定的用处，当一个公司在签署商业合同时，合同条款中规定在该种特定的用途下才需要加盖法人章。

☞ **想一想**

法人章在日常经济活动中的哪些情况下才会使用？

4. 合同专用章

合同专用章是指合同当事人经过协商，在达成的书面合同上各自加盖本公司的合同专用印章的行为。

合同专用章的法律意义，对合同当事人而言，合同上加盖合同专用章，表明双方当事人对订立合同的要约、承诺阶段的完成和对双方权利、义务的最终确认，从而确定合同经当事人双方协商而成立，并对当事人双方发生了法律效力，当事人基于合同的约定行使权利、履行义务。

5. 发票专用章

发票专用章是指企业、单位和个体工商业户购买和开具发票时需加盖的"发票专用章"。

发票专用章的形状为椭圆形，长轴为40mm、短轴为30mm、边宽为1mm，印色为红色。发票专用章中间部分刻有纳税人识别号；上半部分刻有纳税人名称，自左而右环行，如名称字数过多，可使用规范化简称；下半部分刻有"发票专用章"字样。使用多枚发票专用章的纳税人，应在每枚发票专用章正下方刻有顺序编码，如"（1）（2）……"字样。发票专用章所刻汉字，应使用简化字，字体为仿宋体："发票专用章"字样字高为4.6mm、字宽为3mm；"纳税人名称"字高为4.2mm、字宽根据名称字数确定；纳税人识别号数字为Arial体，数字字高为3.7mm，字宽为1.3mm。

四、印鉴的定义

印鉴是印于文件上表示鉴定或签署的文具，一般印章会先沾上颜料再印上，有些是印于蜡或火漆上的。不沾颜料、印上后平面会呈现凹凸的称为钢印。

公司财务印鉴主要是指"财务专用章""财务部公章""财务负责人名章""收付讫章""转讫章"等具有法律经济责任的印鉴。严禁在空白凭证、表格、票据等上使用财务印鉴。

预留印鉴由财务章和法人章组成，缺一不可。（但是也会有特殊情况，如财务章+根据公司决议确定的有效签字人的签字。）

项目五　财务印鉴的使用

> **知识拓展**
>
> 关于预留印鉴：企业在银行开设账户，开户时需要在银行预留印鉴，也就是财务章和法人代表（或者是其授权的一个人）名称的印章（俗称"小印鉴"）。印鉴要盖在一张卡片纸上，留在银行。当企业需要通过银行对外支付时，先填写对外支付申请，申请必须有如上印鉴。银行经过核对，确认对外支付申请上的印鉴与预留印鉴相符，即可代企业进行支付。
>
> 关于更换预留印鉴：各单位因印章使用日久发生磨损，或者改变单位名称、人员调动等原因需要更换印鉴时，应填写《更换印鉴申请书》，由开户银行发给新印鉴卡。单位应将原印鉴盖在新印鉴卡的反面，将新印鉴盖在新印鉴卡的正面。

五、印鉴的使用范围

出纳、会计人员，依照分工职责，可以在以下范围内使用"财务印鉴"。超出此范围的，必须事先经公司主管领导批准。

（1）直接用于银行付款事项：现金支票，转账支票，电汇、信汇凭证，汇票委托书，结算业务凭证等票据。

（2）收款书、缴款书。

（3）其他收、付款业务票据，如委托收款等。

> **知识拓展**
>
> 财务部公章，只用于发布财务部文件、通知等。"收付讫章""转讫章"只在会计制证时使用。

六、印鉴的使用程序

企业的部门或在职人员在启用财务印鉴时，均需填写《财务印鉴使用审批单》，如下图所示，经公司总经理或主管副总经理批准后，才能使用。

印鉴使用审批单

用印部门		经办人			使用日期	
用印文件名称		数量			份	
使用印鉴名称		□项目章	□公章	□合同章	□财务章	□法人名章
部门负责人（意见）			办公室（意见）			
分管领导（审核）			总经理（签批）			

财务印鉴的启用，必须依照"先审批，后用印"的原则，严格审批手续，无审批手续，不得启用。财务部对财务印鉴应按照"专人保管，分别存放"的原则，妥善保管，并在保

险柜中存放。"财务专用章""财务负责人名章"必须指定不同保管人员专人负责,分别保管。"收付讫章""转讫章"由出纳保管。

> **知识拓展**
>
> 财务印鉴的启用、更换、作废,需经公司总经理批准,并书面通知有关单位和部门。

任务二 财务印章的管理

一、公司常用财务印章的管理

(一)公章

公章通常由公司的高层领导或人资行政部进行管理,因为公司的人力资源部门、行政部门经常有很多的涉外事务,如对接工商、税务和银行等。

(二)财务章

财务章通常由公司的财务部门进行管理,因为财务部门日常工作中需要开具很多财务票据,这些财务票据都需要由公司的财务部门来加盖财务印章。

(三)法人章

法人章由法人及授权人管理。一般是法人自己,也有让公司财务部门出纳人员管理的情况。

(四)合同专用章

合同专用章,单位对外签订合同时使用,可以在签约的范围内代表单位,单位需承受由此导致的权利义务。

(五)发票专用章

发票专用章通常由公司的财务部门进行管理,因为财务部门日常工作中需要签发许多财务发票票据,这些发票票据都需要由公司的财务部门来加盖发票专用章。

> **提示**
>
> 印章的保管者没有特定的法律规定,可依公司情况设定保管者。

二、财务印章的使用规定

(一)公司公章的使用

(1)办理使用公司印章的事项,需由业务经办人认真填写相应的《文件审批表》或《文件发文单》,并按取得相应权限领导的书面审批同意后,连同需用印的文件等一并交印章保管责任人,由其审核审批手续齐备后,在用章登记本登记后用印,不用再填写《公司用印审批单》。

项目五　财务印鉴的使用

（2）业务经办人员需要用章时，需填写《公司用印审批单》并按上述规定报相关领导审批后，方可到印章保管责任人处用印。

（3）业务部门日常签订的经济合同、经济往来及行政办证审批类的授权委托书、转账单据、信函、介绍信（开具时必须按要求认真填写存根）、证明、协议、业务报表等文件，需经分管领导审批，分管领导认为有必要的，需经总经理审批。

（4）公司印章、法定代表人印章、财务专用章及公司其他印章（合同专用章除外）所用印的文件、资料、附件资料由用章部门印章保管责任人保管，《公司用印审批单》作为用印凭据档案由人资行政部印章保管责任人留存。

> ☞ 提示
> 涉及法律等重要事项需使用印章的，必须依有关规定经公司法律顾问审核签字后才可使用。

> ☞ 知识链接
> （1）禁止在手写文件上加盖公司印章。
> （2）禁止在内容填写不全的文件或空白的纸张、介绍信、信函、证件、授权委托书、发文批准书、业务报表、邀请函上加盖公司印章。
> （3）公司印章、法定代表人印章、合同专用章由人资行政部的印章保管责任人负责保管。

（二）合同专用章的使用规定

（1）对外签署的合同或协议，应按公司《合同签订规定》办理审批程序并填写《合同审批表》。

（2）公司合同专用章由行政部的印章保管责任人负责保管。

（3）需使用合同专用章时，印章保管责任人查看《合同审批表》，合同需按审批程序，经相关领导审批同意才可用印，不用再填写《公司用印审批单》。总经理认为必要的重大合同需经律师签名才可用印。重大合同或协议总经理认为有必要的，需经董事长审批。

> ☞ 提示
> （1）用印的合同上应当先由合同授权签约代表人签字并注明年、月、日后，才可用印。
> （2）禁止在手写合同或内容填写不全的合同上加盖公司合同专用章。
> （3）对外签署的合同或协议等，需在合缝处加盖合同专用章。

三、财务印章的刻制、变更、遗失和注销

（一）财务专用章

财务专用章要在公司设立时，由该公司的行政部门根据《公司印章的管理规定》进行刻制，与此同时要向公司所在地的公安机关办理相关的备案手续。而且公司的财务管理人员

任务二 财务印章的管理

(财务经理)要办理相关的印章领用手续。

(二) 发票专用章

刻制财务印章审批程序如下。

财务印章刻制、变更、注销申请表如下表所示。

财务印章刻制、变更、注销申请表

申请部门		申请人		申请日期	
刻制/变更/注销财务印章原因说明					
刻制/变更/注销财务印章类型		□财务专用章			
		□发票专用章			
		□法人代表(负责人)印鉴章			
		□其他			
审批人		审批意见		审批日期	
财务经理审批				审批日期	
财务总监审批				审批日期	
董事长审批				审批日期	
法人代表(负责人)授权				授权日期	

(本表适用于财务印章的刻制、变更与注销时填写)

四、财务印章的保管和使用规定

  印章刻制由公司行政部负责,经公安机关核准,到指定的单位刻制;印章的规格、样式由公司行政部按有关规定办理。由于印章磨损而更换印章,仍需在公司人资行政部登记、留样。公司部门撤销或重组,原部门有关印章交回公司人资行政部,由公司人资行政部负责销毁。严禁印章保管责任人将印章转借他人。印章丢失时,印章保管责任人应当及时向公司人资行政部书面报告,公司人资行政部应及时采取相关补救措施,包括但不限于追查印章下落、公告印章作废、对责任人进行处罚等。公司决定需要停用印章的,由董事长签字同意后由公司人资行政部下发《关于公司停用有关____章的通知》,将停用原因、时间通知公司各有关部门,并收回停用的印章切角封存或销毁,印章信用申请表如下表所示。

> ☞ **想一想**
>   公司的财务印章丢失或磨损后应怎样处理?

项目五　财务印鉴的使用

印章信用申请表

申请部门	印鉴样	信用原因

部门主管意见：_____　　日期：_____

以上由印章保管部门填写

信用印章处理意见：

□ 封存、移交综合管理部保管。封存期：_____。期满后由综合管理部到有关部门办理封存或销毁手续。

□ 销毁。移交综合管理部，到有关部门办理封存或销毁手续。

综合部意见：_____　　日期：_____

总经理意见：_____　　日期：_____

注：印章办理销毁手续后，把销毁回执原件交总经办。

各部门不得擅自刻制印章，违反本项规定导致公司造成的全部经济损失由当事人向公司承担全额赔偿责任。

☞ **想一想**

印章的保管人日常有哪些工作职责？

五、印章保管责任人的职责

公司的印章保管责任人应遵守以下规定。

（1）印章保管责任人每天下班前应检查印章是否齐全，并将印章锁进保险柜内，妥善保管，不得将印章存放在办公桌内；次日上班后，应首先检查所保管印章，若发现意外情况应立即报告。

（2）印章保管责任人因事、病、休假等原因不在岗位时，印章授权人应指定他人代管印章，印章保管责任人要向代管人员交接工作，交代用印时的注意事项。印章保管责任人正常上班后，代管人员应向专管人员交接工作。

（3）印章保管责任人不得擅自用印，一经发现，严肃处理；若因擅自用印导致公司遭

任务二　财务印章的管理

受经济损失时，由其承担全部赔偿责任并按公司有关规定进行处罚。

（4）印章保管责任人离职时，其管理的印章记录和档案需作为员工离职移交工作的一部分。印章保管责任人离职时，需办理分管印章、印章使用登记簿的移交手续，并填写《印章交接单》后才可办理离职手续。

> ☞ **知识链接**
>
> （1）印章保管责任人要坚持原则，遵守保密规定，严格照章用印。未按批准权限用印或用印审批手续不全的，印章保管责任人不予用印；经办人拒绝印章保管责任人审核文件内容或审批手续的，印章保管责任人可拒绝用印并报告领导处理。
>
> （2）印章保管责任人用印盖章位置要准确、恰当，印迹要端正清晰，印章的名称与用印件的落款要一致，不漏盖、不多盖。

财务印章保管授权移交表、财务印章临时保管使用登记册和财务印章外出使用申请表如下表所示。

财务印章保管授权移交表

移交人姓名		所属部门		移交日期	
接交人姓名		所属部门		接交日期	
移交财务印章类型		□财务专用章		□发票专用章	
		□发票专用章		□其他_____	
财务经理审核				审批日期	
财务总监审批				审批日期	
董事长审批				审批日期	
备注				授权日期	

本表适用于印章保管员调岗、辞职或临时性的移交时填写。

财务印章临时保管使用登记册

使用日期	经济业务内容摘要	票据类别	金额	印章类别	经办人

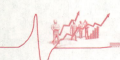

项目五 财务印鉴的使用

财务印章外出使用申请表

借用人姓名		所属部门		借用日期	
保管人姓名		所属部门		借出日期	
借用财务印章类型	☐ 财务专用章			☐ 发票专用章	
	☐ 法人代表（负责人）印鉴章			☐ 其他_____	
印章外带使用说明					
财务经理审核			审批日期		
财务总监审批			审批日期		
外带印章返回核销时间					

本表适用于印章保管员调岗、辞职或临时性移交时填写。

六、财务印章的保养

新刻财务章或财务章磨损要更换财务章的都要去公安局定点刻章的地方去刻印。同时还需要携带以下资料。

（1）营业执照副本原件和复印件。

（2）单位介绍信。

（3）法定代表人身份证复印件。

（4）经办人身份证原件和复印件。

知识拓展

刻好财务章之后必须在银行办理更换印鉴等程序才算完成整个流程。如果遗失了财务章，还需要登报声明。

任务三　电子印章

一、电子印章的定义

电子印章以先进的数字技术模拟传统实物印章，其管理、使用方式符合实物印章的习惯和体验，其加盖的电子文件与实物印章加盖的纸质文件具有相同的外观、相同的有效性和相似的使用方式，如下图所示。

知识拓展

电子印章早在中国的《电子签名法》颁布与实施之前就出现了，20 世纪 90 年代中后期，随着传统办公模式逐渐向信息化办公模式转变，纸质文书的流转形式也随之向电子文书的流转形式转变；为能够在确保电子文书有效性的同时，也使得电子文书能与传统纸质文书具有相同的公信视觉效果，从而提出了电子印章的概念。

在我国于 2005 年 4 月 1 日正式实施《电子签名法》之前，电子印章一直没能得到广泛承认和应用，所以，我国较早从事电子印章研究的公司并不多；在《电子签名法》颁布实施后，才使得电子印章技术及其产品的研究与应用有了较快的发展。

二、电子印章的特点

电子签名是电子形式的数据，是与数据电文（电子文件、电子信息）相联系的用于识别签名人的身份和表明签名人认可该数据电文内容的数据。

知识拓展

电子签名是基于国际 PKI 标准的网上身份认证系统，数字证书相当于网上的身份证，它以数字签名的方式通过第三方权威认证有效地进行网上身份认证，帮助各个主体识别对方身份和表明自身的身份，具有真实性和防抵赖功能。与物理身份证不同的是，数字证书还具有安全、保密、防篡改的特性，可对企业网上传输的信息进行有效保护和安全传递。

三、电子印章与传统公司财务印章的比较

☞ **想一想**

电子印章和传统印章相比有哪些优缺点？

（一）电子印章与传统印章的共同点

（1）具有相同的视觉效果。

（2）不允许存在两个（或两个以上）有效的电子印章实体，即不允许有备份。

项目五　财务印鉴的使用

（3）使用管理手续相同。

（4）在满足有关法律的前提下，电子印章的使用具有与传统印章相同的法律效力。

（二）电子印章与传统印章的不同点

（1）传统的印章有相关的管理法规，而电子印章的相关管理法规尚未出台。

（2）所基于的防伪技术不同，电子印章所基于的数字签名技术，真正实现了不易造假，电子印章的安全性更高。

（3）电子印章通常只用于电子文书的签章中。

（4）通过普通打印机将带有电子印章的电子文书打印在纸介质上时，其法律效力相当于原件的复印件。

（5）通过专控打印机将带有电子印章的电子文书打印在纸介质上时，其法律效力还只限于系统内部。

四、电子印章的使用流程

（一）电子印章的申请

使用电子印章的组织（或个人）首先需要到电子印章（管理）中心（平台）申请电子印章，在履行完正常手续并确认无误、合法的情况下，为申请者制作电子印章，并将制作好的电子印章导入特定的存储介质，如 USB-Key 或 IC 卡等，并提交给申请者。

（二）电子印章客户端系统

电子印章产品提供商给用户提供电子印章的同时，还会提供一套电子印章客户端系统。这套系统应安装在电子印章保管者所使用的终端计算机中。电子印章客户端系统的主要作用就是用于盖章、验章及电子印章管理等功能。

（三）电子印章的使用

电子印章的使用和传统印章的使用方式基本相同。如上所述，首先需要有一台专用的电子印章客户端系统，该系统由电子印章管理平台（电子印章中心）提供并安装在特定的计算机终端。得到有关主管领导的批准，将存有电子印章的实体（如 USBKey）插入计算机终端的 USB 接口，启动电子印章客户端系统，读入需要加盖电子印章的电子文书，在电子文书中需要加盖电子印章的地方单击菜单上的"盖章"按钮，系统提示输入印章实体的 pin 码，输入正确的电子印章使用 pin 码，则该文书就被盖上电子印章了。

（四）电子印章的验证

验证带有电子印章的电子文书时，需要安装电子印章客户端系统的终端计算机。当带有电子印章的电子文书被打开后，电子印章客户端系统会自动验证该电子文书的电子印章是否有效。如果电子文书被非授权修改过，或者电子印章是被复制粘贴在当前的电子文书上的，则电子印章客户端系统能够发现并立即警告用户电子文书已被修改过或电子文书上所加盖的是无效电子印章，且使得电子印章不能正常显示，从而达到保护电子文书的完整性，以及检验电子印章和特定的电子文书必须是相关联的目的。

任务三 电子印章

知识拓展

关于电子印章遗失：若发生电子印章遗失事件，应立即到电子印章平台（中心）进行挂失，其过程与证书作废处理方式相似。

课后练习

一、单项选择题

1. 会计核算专用印章实行"统一管理、分级刻制"的原则。其中的统一管理是指会计核算专用印章的设计、刻制、发放、管理由（　　）统一负责。

   A. 运行管理部门　　　B. 综合管理部　　　C. 内控合规部　　　D. 人资行政部

2. 小杨正在办理一笔协议存款业务，她需要在协议存款凭证上加盖(　　)。

   A. 核算用章　　　B. 核算事项证明章　　　C. 受理凭证专用章　　　D. 业务公章

3. 在通常的会计财务印鉴处理中，会将（　　）加盖在票据、凭证和函件上，表明业务已经处理完毕。

   A. 核算用章　　　B. 核算事项证明章　　　C. 受理凭证专用章　　　D. 业务公章

4. 核算用章应由（　　）进行配备并保管使用。

   A. 网点　　　　　　　　　　　　　　B. 经办人员
   C. 相关经办业务人员　　　　　　　　D. 按具有汇票签发权的网点柜员

5. 网点暂不使用的会计核算专用印章，应由指定人员和网点业务主管一起将印章封存入库或放进保险柜中保管，对于封存时间超过（　　）个月的印章，应上缴至二级分行进行集中保管。

   A. 1　　　　　　B. 3　　　　　　C. 6　　　　　　D. 12

6. （接题5）二级分行应至少每（　　）个月展开一次对已经停用的会计核算印章的清理和销毁。

   A. 1　　　　　　B. 3　　　　　　C. 6　　　　　　D. 12

二、多项选择题

1. 总行统一设计的会计核算专用印章包括（　　）。

   A. 核算事项证明章　　　　　　　B. 受理凭证专用章（收妥抵用）
   C. 核算用章　　　　　　　　　　D. 转讫章

2. 下列业务中办理（　　）可以加盖核算用章。

   A. 签发个人存单和存折　　　　　B. 资信证明
   C. 客户回单和对账簿　　　　　　D. 拒绝受理（退票理由）
   E. 电子银行客户服务协议

3. 下列业务中办理（　　）时加盖结算专用章。

   A. 同城票据提出代收（贷记）类业务　　　B. 委托收款
   C. 结算业务的查询查复　　　　　　　　　D. 托收承付

4. 各级机构在领取会计核算专用印章时都要实行（　　）制度。

   A. 双人领取　　　B. 单人领取　　　C. 单人签收　　　D. 双人签收

项目五　财务印鉴的使用

三、判断题

1. 因为磨损原因而需要重新刻制的会计专用印章应使用印章原有的序号。（　　）
2. 因为遗失原因而需要重新刻制的会计专用印章应使用印章原有的序号。（　　）
3. 对账业务专用章用于加盖在办理客户与银行之间的余额对账业务中涉及的相关凭证上，所以对账簿与满页账单应加盖对账专用章。（　　）
4. 银行柜员小刘在办理工作交接时，因为权限卡的密码被锁死了，状态为待启用并且无法在系统上进行业务相关印章的交接处理，为了不影响工作的交接，小刘可以先将会计核算专用印章交由他人使用。（　　）
5. 对于业务处理过程中涉及加盖了"核算用章"字样的凭证，印章上的个人名章可以代替独立柜员名章，没有必要另外加盖柜员的姓名章。（　　）
6. 各级印章的管理负责人员不可私自授受会计核算专用印章，对于没有办理交接手续的会计核算专用印章可以转交给其他人使用。（　　）
7. 北京市某网店在8月20日撤并，该站点的业务主管及原来的印章保管人员当天将停用的印章进行封存后放入铁柜中保管，并于第二天上缴支行。支行对该营业网点所上缴的已经停用的会计核算专用印章，及时进行了核对，然后封存入库（或保险箱）进行保管，在月末时将本月网点上缴的停用印章上缴运行管理部。（　　）
8. 在新版的印章中用"核算印章"来取代之前的"业务清讫章"。（　　）
9. 天津某柜员临时离开柜台，将印章用小铁盒锁了起来，但是并没有将小铁盒锁起来，直接把铁盒留在了桌面上，这个柜员说她执行了"专匣保管、固定存放；临时离岗、人离章收"的印章相关保管规定。（　　）

项目六

会计资料的整理技能

知识目标

- 熟悉会计凭证的具体分类。
- 掌握会计凭证的填制方法。
- 掌握会计凭证的整理和归档要求。
- 掌握账簿的整理和归档。
- 掌握财务会计报告与其他会计资料的整理和归档。

技能目标

- 熟悉各分类下会计凭证的用途和作用,掌握会计凭证的整理、归档要求。
- 熟悉各分类下会计账簿的作用,掌握会计账簿的整理、归档和保存年限。
- 熟悉不同会计报告在会计工作中负担的作用,掌握会计报告的整理、归档和保存年限。

素质目标

培养学生具有严谨认真、耐心细致、吃苦耐劳、一丝不苟、精益求精的工匠精神。

项目六　会计资料的整理技能

知识导图

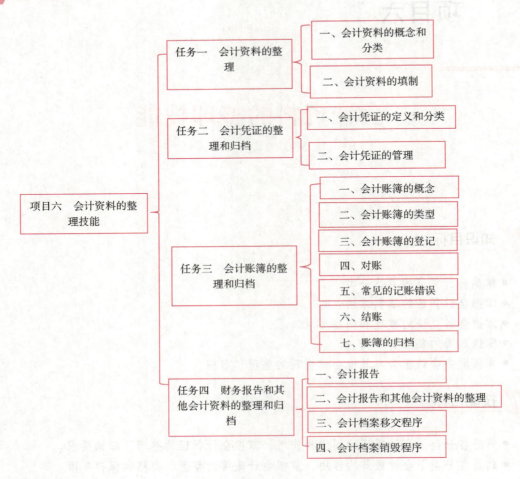

引导案例

2018年10月3日，新华社公布了一则名为"税务部门依法查处范冰冰阴阳合同等偷逃税问题"的新闻。其中有一段提到，"范冰冰的经纪人牟某广指使员工隐匿、故意销毁涉案公司会计凭证、会计账簿，阻挠税务机关依法调查，涉嫌犯罪。"要知道，会计资料作为记录企业经济活动的证据，是要依法按年限保存的，隐匿或销毁都属于违法行为。那么，按照法律法规的要求，要如何整理归档这些会计资料呢？

任务一　会计资料的整理

一、会计资料的概念和分类

（一）会计资料的概念

会计资料是指会计凭证、会计账簿和财务报告等会计核算专业材料，是记录和反映单位经济业务的重要史料和证据。会计档案是以货币为计量单位，反映的是经济业务方面的资料，文书档案是管理性的文件材料。

> **知识链接**
> 会计资料管理依据：财政部、国家档案局《会计档案管理办法》（财会字〔1998〕32号），从1999年1月1日起执行。

（二）会计资料的分类

会计资料包括四类：会计凭证、会计账簿、财务报告和其他会计资料。其中，会计凭证包括原始凭证、记账凭证、汇总凭证和其他会计凭证；会计账簿包含总账、明细账、日记账、固定资产卡片、辅助账簿和其他会计账簿；财务报告可以分为月度、季度、年度财务报告，包括4张会计报表、附注及文字说明；其他会计资料包括银行存款余额调节表、银行对账单、应当保存的会计核算专业材料、会计档案移交清册、会计档案保管清册和会计档案销毁清册等。

> **提示**
> 采用电子计算机进行会计核算的单位，应将打印出的纸质文件与电子文件一并归档。

二、会计资料的填制

会计资料的填制顺序要从原始凭证开始，首先会计人员取得原始凭证后要审核该凭证是否真实，审核无误后根据原始凭证反映的经济业务和金额填制记账凭证，然后待会计凭证被审核人审核完成，再据以入账，填制相关的会计账簿。待年末结账后，根据本年的会计账簿、会计凭证编制会计报告。这样一年的会计工作就基本完成了。

> **知识链接**
> 会计资料的归档范围如下。
> （1）单位形成的会计凭证、会计账簿、财务报告、银行对账单、银行存款余额调节表等会计核算专业材料。
> （2）会计档案移交清册、会计档案保管清册（会计档案案卷目录）、会计档案销毁清册也属于归档范围，归入全宗卷。
> （3）全宗卷就是对档案进行管理过程中的一些文件所形成的卷宗。

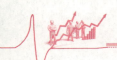

项目六　会计资料的整理技能

任务二　会计凭证的整理和归档

一、会计凭证的定义和分类

会计凭证是记录经济业务、明确经济责任、按一定格式编制的据以登记会计账簿的书面证明。会计凭证按其编制程序和用途的不同，分为原始凭证和记账凭证。原始凭证又称单据，是在经济业务最初发生之时即行填制的原始书面证明，如销货发票、款项收据等。记账凭证又称记账凭单，是以审核无误的原始凭证为依据，按照经济业务的事项内容加以归类，并据以确定会计分录后所填制的会计凭证。记账凭证是登入账簿的直接依据，常用的记账凭证有收款凭证、付款凭证、转账凭证等，如下表所示。

A公司领料单

领料部门：第三车间　　　　　　　　　　　　　　　　　　　　　　　No 2-39
用途：制造分离器　　　　　　2018年10月22日　　　　　　发料仓库：1号

材料类别	材料编号	名称	规格	单位	数量		单价	金额	
					请领	实发			第二联 记账联
Ⅱ	01	甲材料	φ57×3	米	8	8	50	400	
合计								¥400	

发料部门核准人：周九　　　发料人：张七　　　发料部门负责人：江十　　　领料人：杨四

收款凭证

借方科目：　　　　　　　　　　　　年　月　日　　　　　　　　　现收字第　　号

摘要	贷方科目		金额										记账
	总账科目	明细科目	亿	千	百	十	万	千	百	十	元	角	分	
合计													

财务主管：　　　　　记账：　　　　　出纳：　　　　　审核：　　　　　制单：

任务二 会计凭证的整理和归档

付款凭证

货方科目：　　　　　　　　　年　月　日　　　　　　　　　字第　号

摘要	借方总账科目	明细科目	记账	金额										
				亿	千	百	十	万	千	百	十	元	角	分
合计														

财务主管：　　　　记账：　　　　出纳：　　　　审核：　　　　制单：

附单据　张

转账凭证

　　　　　　　　　　　　年　月　日　　　　　　　　　　　　转字第　号

摘要	总账科目	明细科目	借方金额										记账科目	贷方金额										
			亿	千	百	十	万	千	百	十	元	角	分		亿	千	百	十	万	千	百	十	元	角	分
合计																									

会计主管：　　　　记账：　　　　复核：　　　　制单：

附单据　张

（一）原始凭证

引导案例

　　货车师傅老曹三次经过十堰收费站，取得了三张车辆通行费专用收据，回到公司后，曹师傅便到会计部门去报销，但是会计人员却拒绝给他报销。该收据上有财务用章和管理用章，老曹很不理解为什么。原来，老曹拿到的是存根联而非收据联。经证实，是印制发票的第三方的失职，使得发票的"收据联"一联打印出错。

　　从这个事例中，大家是否发现了会计凭证有着严格的管理要求呢？不论是填制还是留存归档都有规定。

1. 原始凭证的定义

　　原始凭证是在经济业务发生时取得或填制的，用以记录和证明经济业务发生或完成情况

项目六 会计资料的整理技能

的凭证。原始凭证的种类很多，如发货票、收货单、领料单、银行结算凭证、各种报销单据等。原始凭证按来源不同，可分为自制原始凭证和外来原始凭证。不同种类的原始凭证反映的经济业务不同，所需要填制的信息也不同。

自制原始凭证是由本单位内部填制的凭证，自制凭证又可以分为一次凭证、累计凭证和汇总凭证。一次凭证是指填制手续一次就可以完成的凭证，往往只反映一项经济业务，如"现金收据""银行结算凭证""收料单""领料单"等；累计凭证是指在一段时间内，连续多次记载某一项相同的经济业务的凭证，待该计量期间结束时此凭证才填制完成，如"限额领料单"等，汇总原始凭证如"发料汇总表""工资结算汇总表"等。外来原始凭证是经济业务发生时，从其他单位取得的原始凭证，如供应单位的发货单。因此需要注意，单位内部的人员是不参与填制外来原始凭证的，如下表所示。

领料单

领料单位：

用途：　　　　　　　　　　　　　　　年　月　日　　　　　　　　　　　　　第　号

材料编号	品名	规格	单位	数量	单价	金额	备注

领料单位负责人：　　　　　领料人：　　　　　发料人：　　　　　制单：

发料凭证汇总表

年　月　日　　　　　　　　　　单位：

应借科目	应贷科目：原材料				辅助材料	发料合计
	明细科目：主要材料					
	1~10日	11~20日	21~30日	小计		
生产成本						
制造费用						
管理费用						
合计						

> **☞ 想一想**
> 购买商品后拿到的发票，对自己而言属于自制的凭证还是外来的凭证呢？

2. 原始凭证的填制

（1）原始凭证的基本内容：凭证的名称及编号；填制凭证的日期；接受凭证的单位名称；经济业务的内容；经济业务的数量、单价、金额；填制凭证的单位名称或填制人姓名；

经办人员的签名或盖章；凭证附件。

（2）原始凭证的填制规范如下。

①原始凭证填制的基本规范有：记录内容真实、及时、完整，格式规范，不涂改、刮擦，编号连续等。记录内容真实是指原始凭证上反映的一切信息，不论是商品名称、重量、金额还是日期都要真实可靠，与实际情况一致；记录及时要求原始凭证的填制人员在该项经济活动发生时就及时填写，以便根据要求将原始凭证送至会计部门，由会计人员审核入账；信息记录完整是指原始凭证上要求填写的信息要逐一填写，不能故意省略、遗漏；填写时要注意数字的格式，小写金额用阿拉伯数字逐一填写，不可连笔；在金额前要加人民币符号"￥"，且该符号后要紧跟阿拉伯数字，不要空行；金额填写时要一直写到分，如果无分、无角，也要写"0"，不能画横线、斜线来表示"0"。

②自制原始凭证需要有该部门的负责人或经办人的签名或盖章；外来原始凭证需要有该凭证来源公司的公章；同理，若自制原始凭证要对外使用，也要盖上本单位公章。财务专用章、业务专用章和发票专用章等都属于单位公章。

☞ **提示**

需要填写金额、数量的原始凭证要注意数字的填写规范，注意大小写要一致。大写要一律使用正楷或行书，不能使用自造简化字。

3. 原始凭证的管理

原始凭证粘贴时的注意事项如下。

（1）一般都会将某一项经济业务涉及的原始凭证先粘贴在粘贴纸上，再附在记账凭证的背后。粘贴票据的纸张最好与记账凭证同样大小，一般选择白纸，有的单位也会有专门的财务用纸专门粘贴凭证。另外，原始凭证粘贴好之后不能超出该专门粘贴凭证纸张的范围。

（2）即使有多张原始凭证，也必须贴在粘贴纸的装订线内，装订线在粘贴纸从左向右的2cm处。粘贴原始凭证要按顺序粘贴，必须先粘贴好左边，再从左向右依次粘贴。另外粘贴时要注意，所有原始凭证都要字体朝上，不能因为凭证很多就出现颠倒放置粘贴的情况，原始凭证粘贴示意如下图所示。

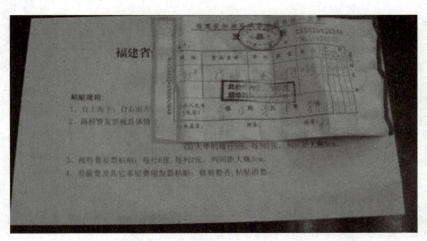

项目六　会计资料的整理技能

☞ 提示

　　粉色线标出的为粘贴纸的最外围，粘贴该原始凭证后也不能超出这一范围。

　　（3）同一业务涉及的原始凭证要按不同的种类粘贴，为了便于查看，一般将页面较小的凭证粘贴在上面，页面较大的凭证粘贴在下面。粘贴时要注意，所有发票都要错层粘贴，并按照上文要求粘贴，不能落在一起。例如，办公费、差旅费、车辆使用费等，按照类别把相同费用项目的原始凭证粘贴在一起，先将原始凭证粘贴在单据粘贴单上，差旅费报销单可以直接附在记账凭证之后，但是将报销凭证粘贴在差旅费报销单反面是不符合规定的。多张原始凭证粘贴示意如下图所示。

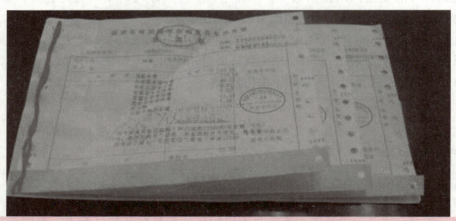

☞ 提示

　　上图中红线标出的为该原始凭证粘贴的左侧框线，不能超出该范围。另外，大家也要注意，这三张原始凭证都已经向上翻折了，同样也是为了遵循不超出粘贴票据用纸范围的这一事项。

　　如下图所示，将所有要粘贴的原始凭证一律靠右粘贴，不符合粘贴规范。

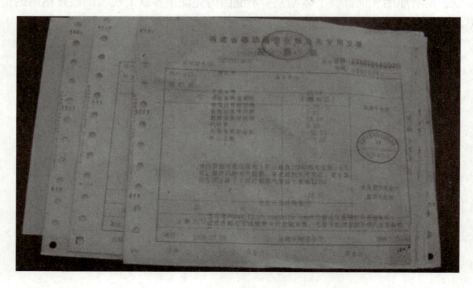

任务二　会计凭证的整理和归档

☞ **想一想**

应该如何粘贴原始凭证呢？为什么？

原始凭证一律要按照从左至右的次序，从左边开始粘贴。原始凭证粘贴完毕，若由会计人员审核无误后将其粘贴在记账凭证之后，并对该项经济业务做出相应的会计处理，待会计期末，所有记账凭证都会按照时间顺序分别装订，而装订线就在上图靠左边位置。如果按照上图的方式粘贴，那么在完成装订之后，很可能这三张原始凭证无法再轻易完整地被查看，不利于会计资料的管理。

（4）粘贴在一张纸上的所有票据作为一张附件计算，并将合计金额写在右下角。

（5）票据粘贴完整后，经办人在票据上签名，汇总票据金额，注明票据的张数，由经办人与主管部门领导签字后，再到财务部报销。

原始凭证粘贴单如下图所示。

原始凭证粘贴单		年　月　日
凭证粘贴处	用途	附凭证　　张
	金额：	
会计主管：	审核人：	制单人：

☞ **提示**

粘贴票据一般会使用胶水而不用固体胶棒，绝对不能用订书机装订原始凭证。

4. 原始凭证折叠方法

第一步：将原始凭证账面积大于记账凭证部分自左向右折叠，如下图所示。

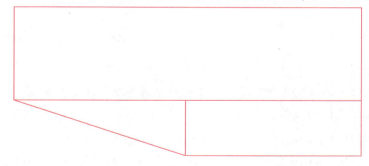

第二步：自下向上一次（或两次）折叠，如下图所示。

> **练一练**
>
> 20××年×月×日，销售部业务员小李出差前预借差旅费2000元，小李出差归来，报销上海到北京的往返车票，共计1000元。请正确填写记账凭证、原始凭证，并按照规定粘贴好原始凭证。（注：该习题材料见本任务后的附录。）

（二）记账凭证

1. 记账凭证的定义

记账凭证一般都为复式记账凭证，与之对应的是单式记账凭证，但是由于实务中极少使用，本任务不做介绍。复式记账凭证一般分为通用记账凭证和专用记账凭证。通用记账凭证按照字面意思就可以理解，是对不同经济业务通用的一种记账凭证，如下图所示。

通用记账凭证

年　月　日　　　　　　　　　　　　　　　　　　　字第　号

摘要	总账科目	明细科目	借方金额								贷方金额								记账
			十万	千	百	十	元	角	分	十万	千	百	十	元	角	分		

会计主管：　　　　记账：　　　　出纳：　　　　复核：　　　　制单：

> **提示**
>
> 通用记账凭证一般只适用于经济业务比较简单的企业，只需将发生的经济业务计入该凭证即可，简化了凭证的使用。

专用记账凭证从其名称就可以看出，与通用记账凭证完全相反，对专门的经济业务使用对应的凭证进行记载。专用记账凭证可以分为收款凭证、付款凭证和转账凭证3种。这一分类的标准是经济业务与现金、银行存款往来是否相关。很明显，收款凭证和付款凭证都是与现金流相关的，前者记载现金及银行存款流入企业的经济业务，后者则记录现金及银行存款流出企业的经济业务。而转账凭证则是记载与现金、银行存款等货币资金无直接关系的经济业务，如年底利润分配在会计记账时就要使用转账凭证来结转损益。

任务二 会计凭证的整理和归档

知识拓展

出纳人员必须根据会计主管人员审核批准后的收款凭证和付款凭证收付款项,而不是仅依据现金、银行存款收付业务的原始凭证就做出收款或付款的行为。这样的规定是为了能够在资金流出之前多一道审核工序,加强对公司内部资金流动的监督和管理,避免资金被滥用。

2. 填制规范

(1) 保证会计信息的真实可靠:会计凭证在填制时,必须确保该项经济业务涉及的原始凭证或原始凭证汇总表已经经过审核,确实是真实完整的,才可以按照这些原始凭证填制记账凭证。

(2) 会计凭证要按顺序编号:会计凭证在填制时应当根据不同的凭证类型采用不同的编号方法。如果企业使用的会计凭证是通用记账凭证类的,那么就可以按照经济业务发生时间的先后顺序依次编号输入;如果企业使用的会计凭证是专用记账凭证类,那么就按照所对应的专用凭证的具体类型编号。收款凭证可以编号为"现收字第××号""银收第××号",一般中间的数字为自然位数,如"现收第1号"而非"现收001号"。"现收字第××号"表示为现金收款业务中的第××笔业务,"银收第××号"则表示以银行存款方式收款的第××笔业务。而转账凭证则是按照"转字第××号"的方式进行编码的。

☞ 想一想

如果一笔经济业务填制了3张记账凭证,该项经济业务前的凭证编号为"转10",那么这三张凭证该如何编号?

这一项经济业务的编号应当是"转11",但是该项业务涉及的凭证数目较多,那么就用分数来表示,第一页为11又三分之一,第二页为11又三分之二,第三页为11又三分之三。因为这三张凭证表达的是同一项经济业务,所以才会采用这种分数编号的方法。注意,不能对不同经济业务的会计凭证使用分数编号。

(3) 凭证内容填写要合规:填写"摘要栏"要求会计人员填写做到简短且准确,如某公司的行政部门购入了一批新电脑,那么摘要栏最好写成"行政部购入电脑"。虽然追求简短且准确,但是当两者无法兼顾时,一定要保证会计信息的准确而非简短。如果会计凭证涉及的是收付款业务,那么就要将收付款对象的名称、款项内容标明;如果是使用银行支票的,除了上述需要的内容外还要填写支票号码。另外,填完这些基本信息之后,最重要的会计分录也要填写正确,这就要运用平时所学的会计知识,结合实际填写。

☞ 想一想

当一份原始凭证涉及多个公司的经济业务时,每个单位都要做出各自的会计分录,填制自己公司相应的会计凭证,但是该原始凭证应附在哪项经济业务之后呢?到底要把该凭证交给哪个公司呢?

项目六 会计资料的整理技能

☞ **提示**

这里引入一个概念"原始凭证分割单"。当一张原始凭证列示的支出,需要由两个以上单位共同负担时,应当由保存该原始凭证的单位,给其他应负担支出的单位开出原始凭证分割单。该分割单就相当于一张自制的原始凭证。

原始凭证分割单的内容与原始凭证要求的内容基本相同,具体来看有以下几点:凭证名称,填制凭证日期,填制凭证单位名称或填制人姓名,经办人的签名或盖章,接受凭证单位名称,经济业务的内容、数量、单价、金额。另外,要标明这一项款项支付的费用分摊情况,并在分割单上加盖本单位的财务印章。

☞ **注意**

当一份原始凭证的金额需要多个单位共同支付时,将该原始凭证复印后,只将复印件交给其他单位作为入账凭证是错误的操作方法。

(4)记账凭证的附件:记账凭证附件的粘贴参考"原始凭证的管理"。简单来说,原始凭证粘贴靠左边开始,要逐层粘贴,若原始凭证过大则按照要求折叠,必须要保证原始凭证粘贴在记账凭证后便于翻阅,而且大小也不宜超过记账凭证的边缘。另外也要注意,若涉及多种类的原始凭证,需要分类后按不同的种类粘贴。

☞ **提示**

除了结账和更正错误的记账凭证以外,其他记账凭证一律要在后面粘贴原始凭证。

(5)凭证的具体操作方法。

①收款凭证。收款凭证与其他会计凭证一样,"年""月""日"用阿拉伯数字填写,同时按照业务发生的先后顺序标明"现收第×号"或"银收第×号"。收款凭证会有经济利益流入企业的,因而在填制凭证时要注意,科目的借方一般为"库存现金"或"银行存款"。如果在计算机中输入,如ERP操作系统,就会弹出现金流量明细窗口。在做手工账时一般会反映在左上角"借方科目"处,如下图所示。

收款凭证

借方科目　　　　　　　　　　　　　　年　月　日　　　　　　　　　　　　现收字第　号

摘要	贷方科目		金额											记账
	总账科目	明细科目	亿	千	百	十	万	千	百	十	元	角	分	
合计														

财务主管:　　　　　记账:　　　　　出纳:　　　　　审核:　　　　　制单:

填制收款凭证时,贷方科目下分为"总账科目"和"明细科目"两列,要分别填写完整。例如,范某出差前预借差旅费1000元,出差归来报销800元,那么就要登记200元入账,计入收款凭证之中。此时,总账科目为"其他应收款",明细科目为"范某"。

> **☞ 知识链接**
>
> 差旅费的处理:预借差旅费,会计处理一般是借"其他应收款",贷"库存现金"或"银行存款"。待出差归来,若仍旧有未使用的差旅费,则计入收款凭证之中,会计分录为借"其他应收款",此处的金额为上述差额,贷"管理费用"或"销售费用"等。

要按照规范填写金额,如果要填写的金额无分无角,那么仍旧在分、角处填写"0"。在金额前要填写货币符号￥。未使用的金额栏要用斜线划掉。附件张数根据实际情况填写即可,填写时使用阿拉伯数字,如下图所示。

收款凭证

借方科目:银行存款   2019年10月30日   银收字第003号

摘要	贷方科目		记账	金额									
	总账科目	明细科目		千	百	十	万	千	百	十	元	角	分
收到股资款	实收资本	宋宁	√	1	0	0	0	0	0	0	0	0	0
合计				￥	1	0	0	0	0	0	0	0	0

附件2张

财务主管:李凡   记账:黄秋   出纳:赵买   审核:李平   制单:刘玉

②付款凭证。付款凭证表示经济利益要流出企业,因此贷方往往是资产类科目。不过资金流出计入库存现金还是银行存款呢?如果想知道究竟是哪一种方式付款,可以根据专业知识进行判断,一般现金支付方式的金额为不高于1000元,但是不同企业也有所不同。

> **☞ 知识链接**
>
> 企业库存现金持有量由银行核定,一般按开户单位3~5天的零星开支所需现金核定;对离银行较远、交通不便的单位的库存现金限额,可以多于5天,但最高不得超过15天的日常零星开支所需现金。

付款凭证的借方同样按照"总账科目"和"明细科目"填写。付款凭证的填写规则与收款凭证基本相同,如下图所示。

项目六　会计资料的整理技能

付款凭证

贷方科目：　　　　　　　　　　　　年　月　日　　　　　　　　　凭证编号：

对方单位（或领款人）	摘要	借方科目		金额									记账签章
		总账科目	明细科目	千	百	十	万	千	百	十	元	角	分	
		合计金额												

会计主管：　　　　稽核：　　　　出纳：　　　　制单：　　　　领款人签章

☞ **练一练**

2019 年 10 月 30 日，华图公司从光明公司购入一批原材料，货款 1000 元，增值税税额 130 元，款项已由银行存款全部付讫，假如你是华图公司的会计人员，请填列好下面的付款凭证。

付款凭证

贷方科目：银行存款　　　　　　2018 年 10 月 30 日　　　　　　凭证编号：银付＊号

对方单位（或领款人）	摘要	借方科目		金额									记账签章
		总账科目	明细科目	千	百	十	万	千	百	十	元	角	分	
光明公司	原材料价款	原材料	A				¥	1	0	0	0	0	0	
光明公司	原材料税款	应交税费	应交增值税				¥		1	3	0	0	0	
		合计金额					¥		1	3	0	0	0	

会计主管：　　　　稽核：　　　　出纳：　　　　制单：　　　　领款人签章

☞ **提示**

记账签章一栏的使用方法：在根据该凭证登记完账簿之后，用"√"填写该栏，表示这张凭证已经登记入账。这一栏的设立就是为了防止漏记或多记的情况发生。

③转账凭证。转账凭证的格式与付款凭证和收款凭证不大相同。通过观察可以发现，付款凭证和收款凭证，二者只有一列金额栏。付款凭证的金额栏表示的是借方科目的借方金额，而收款凭证的金额栏表示贷方科目的贷方金额。与它们不同的是，转账凭证的金额栏有两列，在转账凭证上可以清晰地看到一笔完整的会计分录。具体内容如下图所示。

转账凭证

年　月　日　　　　　　　　　　　　　　　　转字第　号

摘要	总账科目	明细科目	√	借方金额									√	贷方金额									附单据张
				千	百	十	万	千	百	十	元	角	分	千	百	十	万	千	百	十	元	角	分	
合计																								

财务主管：　　　　　　记账：　　　　　　出纳：　　　　　　审核：　　　　　　制单：

3. 凭证出错后的更正方法

会计凭证的错误更正方法在不同的时间点上是不一致的，大致上可以分为填制时发现出错和入账后发现出错两种，入账后出错又分为本年发现错误和以后年度发现错误两种。

（1）填制记账凭证时出错，直接重新填制即可。不要在出错的地方直接修改。

（2）若记账凭证已经登记入账，并且是在本年内发现的错误，那么用红字填制一张与该记账凭证内容相同的冲销凭证，摘要栏要写明"注销××年×月×日×号凭证"，这样就相当于将已入账的出错会计凭证注销了。然后按照正确的数据、金额用蓝字填写一张记账凭证，相当于更正后的记账凭证，同时在该凭证的摘要栏注明"订正××年×月×日×号凭证"。由于是更正错误的凭证，因此无须再粘贴附件。同时也要注意，虽然填制了更正后的记账凭证，但是原来出错的凭证不可随意销毁，也要留档保存。

（3）若记账凭证已经登记入账，并且是在以后年度才发现错误，那么应当填写一份蓝字的更正凭证。

> ☞ **知识链接**
>
> 从会计凭证到会计账簿要经历哪些手续？
> 首先要填制记账凭证、粘贴附件，由会计主管或负责人审核记账凭证，审核无误的会计凭证在会计期末时（往往是月底）进行装订，分册保存。而会计账簿则是根据审核后的会计凭证填写的。

二、会计凭证的管理

（一）会计凭证的审核

会计凭证填制完成之后，应当交由会计主管或主要负责人进行审核。那么审核时需要审核哪些内容？

（1）真实性和完整性：对于真实性的审核主要是对记账凭证后附的原始凭证的审核，首先查看是否有原始凭证，该原始凭证与记账凭证上反映的经济业务是否相符，是否有短缺某原始凭证的情况存在。发现问题后要及时查明原因。完整性的审核主要是对记账凭证本身的审核，查看该凭证的内容填写是否完整，这些内容包括凭证的编号，填制凭证的日期，会计科目、金额，所附原始凭证的张数，制单人姓名签章等。另外，也要检查收款凭证和付款凭证上是否有"收讫"和"付讫"字样。

（2）会计科目是否正确：检查会计科目填写是否符合规范，是否符合会计准则的规定；一级科目和二级科目是否对应，二级科目是否准确。

（3）金额填写是否准确无误：根据原始凭证的金额与记账凭证的金额进行核对，查看金额是否准确无误，转账凭证借方、贷方的金额有无填反的情况，借方金额合计与贷方金额合计是否相等等。

（二）会计凭证的装订

会计凭证的装订工作往往在一个月的经济业务全部记录完毕之后进行，待会计凭证全部登记入账后再进行整理和装订工作，装订完成之后再进行归档。

每月记账完成之后，各会计部门的工作人员应将自己负责的所有会计凭证都交至会计凭证装订负责人处，一般按照时间顺序对各种会计凭证排序、装订。装订时负责装订的工作人员要先对手中的会计凭证进行查验，查验内容大致如下。

（1）首先检查要装订的会计凭证是否存在缺号，后附的原始凭证张数与记账凭证上填写的是否一致。如果存在原始凭证缺失的情况，应当立即联系该凭证的制单人核实情况，仍旧无法找到的，就要按照以下程序进行补救。如果该原始凭证为外来凭证，应当联系该单位说明情况，并且取得标注出已遗失原始凭证的金额、内容、号码等信息的证明，有该单位公司专用章，然后向上级管理部门提出代做原始凭证的申请，经会计主管人员和单位负责人同意之后才可制作该凭证。

（2）在装订之前，要检查记账凭证是否按照时间顺序排列，避免顺序颠倒的情况出现。检查原始凭证粘贴是否符合规范，超出记账凭证的部分要按照规定折叠。

（3）装订原始凭证要尽量使各个册子的厚度保持一致，厚度在 3cm 左右为宜。因为在装订好之后要给每册会计凭证都贴上牛皮纸封面，而且一般会在每一册的侧面脊背、封皮上填写信息。如果某一册的会计凭证太厚或太薄会影响以后的查阅工作，脊背信息示意如下图所示。

全宗号
188
目录号
KJP1
案卷号
158
年度
2010
月份
5
共 5 册
共 3 册
保管期限
15

> **提示**
>
> 装订时如果有多页的记账凭证记录一项经济业务的情况,不能将这几页分开两册装订。

(4)会计凭证每册的牛皮纸封面、封底上都要填写该册会计凭证的有关信息,这些信息主要包括单位名称、凭证种类、凭证张数、起止号数、年度、月份、会计主管人员、装订人、案卷号等有关内容。装订完成之后,需要在该封面上盖上会计部门负责人和装订人的印章,如下图所示。

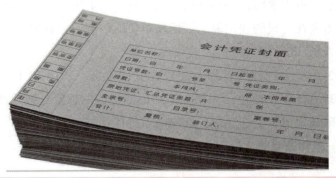

> **知识链接**
>
> (1)全宗号:档案馆给立档单位编制的代号,企业可填写表达单位的汉语拼音代字。如果该代号尚未确定可以暂时不填写。
>
> (2)目录号:用字母与阿拉伯数字混合编制,大写字母为门类代号,小写字母为类别号,阿拉伯数字为目录号,KJp 表示会计凭证,在同一个全宗内不允许出现重复的案卷目录号。如果一个单位有两种以上的会计凭证,如财政部门有预算会计凭证、专业资金会计凭证,为方便查阅,在"J"和"p"之间加凭证种类的第一个拼音字母,如预算会计凭证目录号为 KJyp1。
>
> (3)案卷号:用阿拉伯数字编制。编跨年度的大流水号,如 1—KJp1—234 表示 1 号全宗的会计凭证的第 1 号目录的第 234 卷档案,但一个目录号的案卷号应不超过 1000 个。

(5)会计凭证装订完成之后,应当在左上角贴上封条,这样可以防止有人抽换凭证,如下图所示。

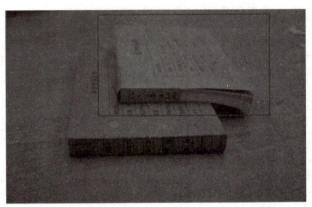

项目六　会计资料的整理技能

(三) 会计凭证的保存

(1) 每年已经装订成册的会计凭证,在年度终了时可以在会计部门保管一年,期满后应移交本单位档案机构统一保管;如果未设立档案机构的,应在会计部门内部指定专人保管。**出纳人员不得兼管会计档案**。

(2) 会计凭证在保管期间,要遵守会计资料的保管规定,不能将原件外借,但是可以申请复印。如果其他单位有特殊原因的确需要借用时,首先要经过本单位会计部门的负责人和会计主管人员批准才可以复印,将会计凭证复印件交给借用单位。除此之外,向外单位提供凭证复印件时,需要在专设的登记簿上登记该单位的信息及查看的凭证号信息,同时需要由会计凭证的提供人员和借取人员签名、盖章。

(3) 2015 年 12 月《会计档案管理办法》在我国发行,2016 年 1 月 1 日起正式实行。根据《会计档案管理办法》的规定,原始凭证和记账凭证的保管年限为 30 年。要严格按照会计凭证的保管期限规定保管会计凭证,期满前不得任意销毁。

【附录】请将下列凭证裁剪后使用。

付款凭证

贷方科目:　　　　　　　　　　　年　月　日　　　　　　　　　　凭证编号:

对方单位 (或领款人)	摘要	借方科目		金额										记账 签章
		总账科目	明细科目	千	百	十	万	千	百	十	元	角	分	
		合计金额												

会计主管:　　　　　稽核:　　　　　出纳:　　　　　制单:　　　　　领款人签章:

附件　　张

借款借据 1

借款日期:　　　年　月　日

借款部门		借款理由	
借款金额 (大写)			¥
部门领导意见:		借款人签章:	
备注:			

借款记账联

118

差旅费报销单

部门：　　　　　　　　　　　　　　填报日期　年　月　日

姓名		出差事由			出差日期	自　年　月　日 至　年　月　日	共　　天	
起讫时间及地点	车船费	夜间乘车补助费		出差补助费		住宿费	其他	附单据共　　张
共计金额 （大写）			仟　佰　拾　元　角　分		预支＿＿　核销＿＿　退补＿＿			

主管　　　　　　　　部门　　　　　　　　审核　　　　　　　　填报人

原始凭证粘贴单　　　　　　　　　　　　　　　　年　月　日

	用途	附凭证　　张
凭证粘贴处		
	金额：	

会计主管：　　　　　　　审核人：　　　　　　　制单人：

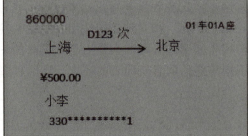
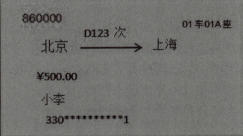

任务三　会计账簿的整理和归档

一、会计账簿的概念

会计账簿是以会计凭证为依据，对全部经济业务进行全面、系统、连续、分类地记录和核算的簿籍，是由专门格式并以一定形式联结在一起的账页所组成的。

会计账簿简称账簿，它有其自身的格式，是由相互联系的账页所组成的，因而可以用来

119

序时、分类地全面了解该企业的经济业务事项。

二、会计账簿的类型

不同的分类标准下，会计账簿有不同的类型。

（一）会计账簿按用途分类

按照会计账簿的用途，可以将其分为三类，分别是序时账簿、分类账簿和备查账簿。

（1）序时账簿通常称为日记账，它是按照经济业务发生时间先后顺序、逐日逐笔登记经济业务的账簿。按其记录经济业务内容的不同又分为普通日记账和特种日记账。普通日记账通常要把每天发生的经济业务，按照业务发生的先后顺序，编成会计分录记入账簿中。而特种日记账只记录某一重要的项目，记录顺序也是按经济业务发生的先后。银行存款日记账和现金日记账都属于特种日记账。

知识拓展

> 我国大部分的企业都不设置普通日记账和特种日记账下的转账日记账。因为普通日记账对经济业务不做分类，所有发生的业务都记载在同一账簿中，不利于快速找到需要的会计分录，也不利于经济业务的分类管理。而转账日记账是指专门设立记录转账业务的账簿。

（2）分类账簿是指按照分类账户设置登记的账簿。分类账簿是会计账簿的主体，也是编制财务报表的主要依据。账簿按其反映经济业务的详细程度，可分为总分类账簿和明细分类账簿。总分类账簿就是人们常说的"总账"，它的设立是为了总括地反映某项经济活动，一般总分类账簿会采用三栏式的账页。明细分类账是按照不同的明细账户设置的，可以更详细地提供经济业务的具体内容，明细分类账通常采用三栏式或数量金额式的账页。

总分类账和明细分类账在实际运用过程中起着相互补充、相互辅助的作用。总账往往承担着总括会计信息的作用，对明细账起着统领的作用。而明细分类账则是对总分类账的一种补充说明，以这两种方式记载会计信息可以满足不同种类的信息使用者的需求，这两种账簿则是相辅相成地完成这一使命。

①总分类账簿如下表所示。

总分类账（三栏式）

年		凭证		摘要	借方金额	贷方金额	借或贷	余额
月	日	字	号					

②明细分类账簿－三栏式如下表所示。

明细分类账
SUBSIDIARY LEDGER

科目编号　　　　　　　　　　明细科目　　　　　　　　　　　　总账科目
A/C NO　112201　　　　　　SUB LED A/C 深圳三勇建材有限公司　　GENLED A/C 应收账款

×年		凭证字号	摘要	借方 亿千百十万千百十元角分	√	贷方 亿千百十万千百十元角分	√	借或贷	余额 亿千百十万千百十元角分
月	日								
12	1		期初余额						2 3 4 0 0 0 0 0
	3	记01	收回前欠账款			2 3 4 0 0 0 0 0		平	0
	19	记15	赊销B产品	2 3 4 0 0 0 0				借	2 3 4 0 0 0 0

③明细分类账簿－数量金额式如下表所示。

_____明细账

科目：　　　　　　　　　　规格等级：　　　　　　　　　　品名：
子目：　　　　　　　　　　计量单位：　　　　　　　　　　总页＿＿＿分页＿＿＿

年		凭证字号	摘要	收入			发出			结存		
月	日			数量	单价	金额	数量	单价	金额	数量	单价	金额

（3）备查账簿是指对一些在序时账簿和分类账簿中不能记载或记载不全的经济业务进行补充登记的账簿，对序时账簿和分类账簿起补充作用。相对于序时账簿和分类账簿这两种主要账簿而言，备查账簿属于辅助性账簿，它可以为经营管理提供参考资料，如委托加工材料登记簿、租入固定资产登记簿等。

委托加工材料是其他企业委托受托方加工，这些材料存放在受托方企业内部，然而由于是外单位的委托活动，受托方并不享有这一批材料的所有权，因此这批材料不能计入存货账户中。那么这一批材料可以不入账吗？当然不可以，因此受托方在会计上设立了委托加工材料登记簿。

同理，租入的固定资产受托方没有所有权，但是却有使用权，于是受托方将其计入固定资产登记簿做备查。

项目六 会计资料的整理技能

> **知识拓展**
>
> **你还知道哪些备查账簿呢？**
>
> "应收票据贴现备查簿"也是备查账簿的一种，它主要是登记本企业已经完成贴现的商业承兑汇票。商业承兑汇票是指收款人开出，经付款人承兑或由付款人开出并承兑的汇票。它属于现金等价物的一种，但是由于商业承兑汇票有其一定的付款期，变现能力不如现金，因此可以将其贴现给银行，虽然拿不到全额的资金，但是无须再等待承兑。根据票据法的有关规定，贴现后与应收票据相关的主要风险没有解除，所以，该项应收票据不应终止确认。然而现在票据的所有权并不在自己手中，同样不享有所有权，因此，可以将已经贴现的应收票据记入备查簿登记。

① 委托加工材料登记簿如下表所示。

序号	名称及规格型号	加工单位名称	计量单位	账面价值			调整后账面值	实际数量	评估价值		增值率%	备注
				数量	单价	金额			单价	金额		
本页小计												
合计												

② 租入固定资产登记簿如下表所示。

租入固定资产登记簿

年		凭证	摘要	类别	规格	名称	单位	数量	租入期限	租金	修理费用
月	日										

③ 应收票据贴现备查簿如下表所示。

种类	号数	出票日期	出票人	票面金额	到期日期	利率	付款人	承兑人	背书人	贴现			收回		注销	备注
										日期	贴现率	贴现额	日期	金额		

（二）会计账簿按账页格式分类

会计账簿按照账页格式可以分为五类，分别是两栏式账簿、三栏式账簿、多栏式账簿、数量金额式账簿和横线登记式账簿。

（1）两栏式账簿只有借方和贷方，往往适用于普通日记账和转账式日记账。由于实务中很少用到，这里不多做介绍，两栏式账簿如下表所示。

普通日记账

200×年		凭证		会计科目	摘要	借方金额	贷方金额	过账
月	日	字	号					
5	1	转	1	物资采购	购入材料	20000		
				应交税金	增值税	3400		
				应付账款	某某公司		23400	

（2）三栏式账簿是指设置借方、贷方和金额这3个栏目的账簿。因而该类账簿适用于只进行金额核算的会计项目，如银行存款日记账，现金日记账，资本、债权、债务的明细账等（"应收账款""应付账款""实收资本"等的明细账）。

> ☞ 提示
> 银行存款日记账使用的三栏式账簿与其他账簿相比，会在"摘要栏"和"金额栏"多一列"对方科目"。

①银行存款日记账如下表所示。

银行存款日记账

年		凭证字号	支票号码	摘要	对应科目	借方										贷方										借或贷	金额										√
月	日					亿	千	百	十	万	千	百	十	元	角	分	亿	千	百	十	万	千	百	十	元	角	分		亿	千	百	十	万	千	百	十	元	角	分	

②现金日记账如下表所示。

现金日记账

年		凭证		摘要	总页	借方										贷方										金额										会计盖章
月	日	类	号			亿	千	百	十	万	千	百	十	元	角	分	亿	千	百	十	万	千	百	十	元	角	分	亿	千	百	十	万	千	百	十	元	角	分	

项目六　会计资料的整理技能

③应收账款明细账如下表所示。

应收账款明细账

年		凭证号数	摘要	借方	贷方	方向	余额
月	日						

（3）多栏式账簿是指在账簿的两个基本栏目（借方和贷方）按照需要又设置栏目的账簿。这一类账簿适用于收入、成本、费用、利润和利润分配的明细账（如"生产成本""管理费用""营业外收入""本年利润"等账户）。多栏式明细账按照其设置栏目的不同可以分为借方多栏式、贷方多栏式和多栏式账簿3种。顾名思义，借方多栏式账簿指的是只在借方金额栏多设栏目，而贷方金额栏仍旧为一栏的账簿；同理，贷方多栏式指的是只在贷方设置多栏，借方仍旧一栏；多栏式账簿是指在借贷双方均增设栏目的账簿。

①借方多栏式账簿如下表所示。

明细账

年		凭证		摘要	借方			合计	贷方	余额
月	日	种类	号							

☞ **提示**

成本费用类明细账一般采用借方多栏式账簿。

②贷方多栏式账簿如下表所示。

明细账

年		凭证		摘要	借方	贷方				余额
月	日	种类	号						合计	

☞ **提示**

　　收入类明细账一般采用贷方多栏式账簿。

③多栏式账簿如下表所示。

应交税金（增值税）明细账

摘要	借方			贷方			借或贷	金额
	合计	进项税额	已交税金	合计	销项税额	进项税额转出		
	百十万千百十元角分	百十万千百十元角分	百十万千百十元角分	百十万千百十元角分	百十万千百十元角分	百十万千百十元角分		百十万千百十元角分

☞ **提示**

　　应交增值税明细账一般采用多栏式账簿。

　　（4）数量金额式账簿是指在借方、贷方和余额三个栏目内都分别设置数量、单价和金额三个小栏的账簿，这类账簿旨在反映财产物资的实物数量和价值量。运用这一类会计账簿的有原材料、库存商品、产成品和固定资产明细账。

　　数量金额式账簿如下表所示。

明细分类账

年		凭证号码		摘要	借方			贷方			金额		
月	日	字	号		数量	单价	金额 亿千百十万千百十元角分	数量	单价	金额 亿千百十万千百十元角分	数量	单价	金额 亿千百十万千百十元角分

（5）横线登记式账簿：在同一张账页的同一行，记录某一项经济业务从发生到结束的相关内容。

（三）会计账簿按账簿的外形分类

按照外形的不同，可以简单地将会计账簿分为活页式账簿、订本式账簿和卡片式账簿3种。

（1）活页式账簿又称活页账，这种账簿即使月末也不装订，而是将一定数量的账页置于活页夹内，待本年的会计年度结束后再进行装订。活页账的优点在于可以根据业务需要随时增加或减少某部分账页。一般明细分类账采用这种账簿。

☞ **想一想**
　　这样灵活使用的账簿省时省力，为什么还要设置订本式的账簿呢？

☞ **提示**
　　活页账的缺点在于容易使会计账簿被抽换。

①活页式账簿如下图所示。

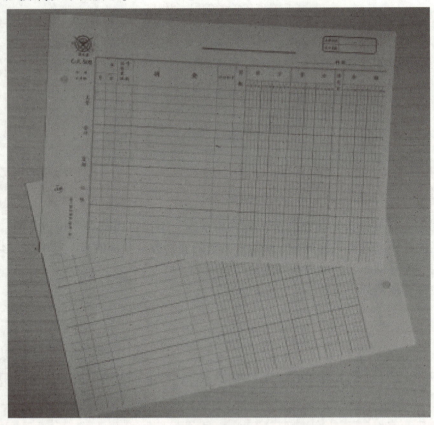

☞ **提示**
　　由于是活页账容易零散，因此一般放在活页夹之中，用细绳穿过活页夹的双孔以做固定。活页夹的封面有小卡片，可以标明夹内账簿的名称，以方便查找和使用。

②活页夹如下图所示。

（2）订本式账簿又称订本账，是在启用前顺序页码已经提前编制好且账页数量一定的账簿。这种账簿，一般适用于总分类账、现金日记账和银行存款日记账。

订本式账簿有效地弥补了活页式账簿的缺点，由于已经事先订好，因此被抽换的风险很小。但是，也是由于账页已经事先订好，因此在设置账户时需要为每一账户预先留下相应的账页，后期不能增减，因而使用时就不如活页账方便。订本式账簿如下图所示。

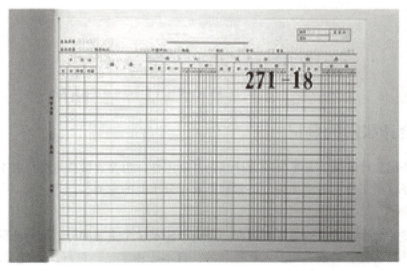

（3）卡片式账簿是将一定数量的卡片式账页存放在卡片箱中，账页可以根据需要随时增添。卡片式账簿与活页式账簿的不同点在于，卡片纸即使在会计期间结束也不会装订，卡片账一般适用于固定资产的明细核算。

与活页账相似的是，卡片账也容易出现丢失、被抽换的问题，但是可以进行分类管理，这也是它的一大优势。另外，有的企业如果生产线较长，生产的产品多为大型机器，那么固

项目六　会计资料的整理技能

定资产卡片一般会随着该产品的生产过程流动。固定资产卡片如下表所示。

固定资产卡片

资金来源		制造单位			折旧准备	
设备原值		制造日期		年度	提存额	旧计额
清理残值		耐用年限				
清理费用		已用年限				
大修次数		大修定额				
年折旧率		年大修提存率				
年折旧额		年大修提存额				
设备编号		设备名称		规格型号		

☞ **小结**

不同分类下的会计账簿之间的对应关系如下。

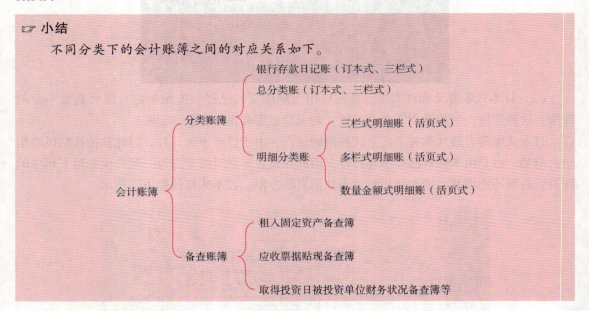

三、会计账簿的登记

设置和登记会计账簿，是重要的会计核算基础工作，也是连接会计凭证和会计报表的中间环节，做好这项工作，对于加强经济管理具有十分重要的意义。

（一）会计账簿的组成部分

一本完整的会计账簿一般需要有封面、扉页和账页3个主要部分。会计账簿封面上需要填写日期、科目名称、册数、相关人员签名等，订本账由于已经订好，因此无须再设封面。活页账期末装订时需要自行装订封面。扉页也是由活页账装订为整本账簿时需要填列的信息页，其中包括账簿启用表和账户目录两部分。账簿启用表上需要列明单位名称、账簿名称、经管人员、启用时日期等内容。

（1）会计账簿封面如下图所示。

任务三　会计账簿的整理和归档

（会计账簿封面图示）

（2）账簿启用表如下表所示。

账簿启用表

单位名称								单位公章	
账簿名称		银　行　账							
账簿编号		字第　号　第　册　共　册							
账簿页数		本账簿共计　页							
启用日期		年　月　日							
经管人员		接管			移交			会计负责人	印花税票粘贴处
姓名	盖章	年	月	日	年	月	日	姓名　盖章	

（二）会计账簿的填列

1. 填制内容

会计账簿在第一次使用时（也称为"启用"）需要先按照要求填写完封面和扉页的信息，再按照业务要求开立账户。例如，开立"应收账款明细账"时，根据与本公司有业务往来的企业名称分别开立，即"应收账款明细账——A公司""应收账款明细账——B公司"等。如果一个账户下需要多页的账页来记录，那么就需要在"分页号"之后编写"副号"，这样可以直观地看出这一账页是该账户下的第几页，方便使用和查找。例如，在"应

129

项目六 会计资料的整理技能

收账款明细账"这一账户下，一共有5个明细账页，而该账户的分页号是7，那么就分别编写"7-1""7-2""7-3""7-4""7-5""7-6"和"7-7"。

> ☞ 提示
>
> 有多个账页的账户可以编制"副号"，为了操作简单，就可以在第一页填写账户名称，后面几页可以不填，只填写明细科目的信息。

会计账簿的目录要待账簿已经装订完成之后再进行填写，因为目录中涉及的页次信息在使用账簿的过程中并不编号，待账簿完成装订后才会依次按顺序编号。

2. 填制规则

账簿的填制依据必须是经过审核的会计凭证，以此来保证会计信息的真实性。填制过程中的要求与会计凭证相似，即字迹清楚、数字符合规范、登记及时等。每登记一笔业务，要记得在记账凭证的"记账签章"栏内画上对钩，表示这笔业务已经入账，防止多记。

账簿填制时一般使用蓝色或黑色碳素笔，在会计工作中不要轻易使用红色笔，因为它有着自己特殊的含义。例如，登记三栏式账页的余额时，若余额为负数且该账页上未标明余额方向的，那么就要使用红色字体填写数字，表示负数的含义。

此外，账簿登记是要按照页次依次登记的。如果在填写时出现了跳页、隔页的情况，应该在相应账页上标明"此页空白"或"此页作废"。每一页账页填制完成需要继续填制下一页时，都要在本页最后一行结出本页的借方、贷方总发生额及余额，并将这些信息填制在下一页的第一行。同时，在本页最后一行的摘要栏内要标明"过次页"或"转下页"，而在下一页的第一行摘要栏标明"承前页"或"结转上页"。

3. 填制格式

不同种类的账簿有着不同填制要求和格式要求，下面主要介绍一下现金日记账、银行存款日记账和总账的填制格式。

（1）现金日记账和银行存款日记账。这两类账簿特别相似，在很多格式要求上都有共同点。现金日记账和银行存款日记账都要"日清月结"，所谓"日清月结"是指每天业务记录完毕后需要结出当日余额，每月月末需要分别结出本月借方发生额、贷方发生额、月末余额和总的累计发生额。因为要做到"日清月结"，所以这两类账簿的登记频率至少是每日一次。除了"日清月结"之外，年末对会计账簿的处理和其他账簿相同，即年末将全年累计发生额和年末余额计算结出，并将年末余额结转至下一年。

（2）总分类账登记方法有两种：一种是直接根据已经审核的会计凭证逐笔登记，另一种是先根据已经审核的会计凭证编制科目汇总表或汇总记账凭证，再根据编制好的科目汇总表或汇总记账凭证填制总账。

如果采用第一种方式登记总分类账，那么要和明细账一起登记、平行记账。平行记账就是指总账和明细账记账时间要一致，记账方向要一致，记账金额也要一致。

①科目汇总表如下表所示。

科目汇总表

2019 年 5 月 30 日

凭证起讫号自　号至　号止

	会计科目	本期发生额	
		借方金额	贷方金额
1	库存现金	118 584.80	102 330.83
2	银行存款	5 762 016.53	2 837 392.34
3	以公允价值计量且其变动计入当期损益的金融资产	—	—
4	衍生金融资产	4 080.00	—
5	应收票据	137 498.40	—
6	应收账款	137 498.40	718 398.40
7	坏账准备	—	2 604.96
8	预付账款	5 000.00	—
9	其他应收款	—	5 000.00
10	原材料	1 735 645.81	27 458.70
11	无形资产	86 000.00	—
12	包装物及低值易耗品	—	8 003.00
13	持有待售资产	40 000.00	40 000.00
14	库存商品	—	—
15	在产品	—	—
16	产成品	305 265.17	1 474 849.66
17	固定资产	61 080.00	1 200.00
18	累计折旧	900.00	18 823.70
19	固定资产清理		
20	在建工程		
21	开发支出		
22	短期借款	200 000.00	2 900 000.00
23	以公允价值计量且其变动计入当期损益的金融负债	429.00	13 794.63
24	衍生金融负债	—	1 596.59
25	应付职工薪酬	98 533.00	98 533.00
26	应付账款	188 375.00	—
27	其他应付款	—	200.00
28	应交税费	364 887.36	473 151.65
29	持有待售负债	3 940.00	22 000.00
30	长期借款		
31	实收资本		
32	盈余公积		59 416.21

项目六　会计资料的整理技能

②汇总记账凭证如下表所示。

记账凭证汇总表

日期：　年　月　日至　年　月　日　　　　　　　　　编号
凭证起讫号数自　　　号起至　　　号止

会计科目	借方金额										√	贷方金额										√
	亿	千	百	十	万	千	百	十	元	角	分		亿	千	百	十	万	千	百	十	元	角	分	

四、对账

对账就是核对账目是否正确，避免账簿记载出现差错。对账包括账证相符、账账相符和账实相符。对账工作是贯穿在会计工作的全过程的，不仅要在结账之前核对，日常也要核对。结账前的对账工作重点主要放在账证核对和账实核对上，也就是会计账簿和会计凭证的核对与会计账簿和相关财产物资实存数。日常核对工作则主要关注原始凭证和记账凭证是否相符，账簿记录与会计凭证是否相符。

（一）账证核对

账证核对是指会计账簿的记录与原始凭证和记账凭证之间的核对，核对内容有业务记账时间、编号、内容、金额、记账方向是否一致。

账证核对一般在日常编制记账凭证和登记账簿中运用。在编制记账凭证过程中，要先将记账凭证与原始凭证进行核对，核对无误之后，再登记账簿。待账簿登记完成后，再对会计账簿记录与会计记账凭证进行核对，达到账证相符。

☞ 提示

账证核对的工作量一般很大，因而往往采用抽查法，主要是为了发现会计账簿是否存在记录错误的情况。

（二）账账核对

在保证账证核对无误之后，一般会进行账账核对。账账核对指的就是不同账簿之间的核对。会计中运用到的账簿前面已经介绍了，各种会计账簿之间相互补充、配合，又都有着各自承担的任务，形成了一个有机整体，可以通过这一套账簿体系来综合地查看一个企业的经营状况和财务收支情况。而各种账簿之间的这种衔接依存关系就是常说的勾稽关系。账账核对就是要利用这种关系将不同的账簿相互核对来发现账簿记录是否有错误。

1. 总账和明细账的核对

总分类账与明细账核对以前，要对总账做试算平衡表。大家都知道会计上的恒等式

任务三 会计账簿的整理和归档

"有借必有贷,借贷必相等",总账的登记也同样要符合这一规范。

使用试算平衡表核对时,首先将总分类账下的各个科目的期初余额、借方发生额、贷方发生额和期末余额全部导入试算平衡表之中,然后利用试算平衡表检查总分类账是否正确。试算平衡表如下表所示。

试算平衡表

年　月　日

借方科目					贷方科目				
科目名称	期初余额	借方	贷方	期末余额	科目名称	期初余额	借方	贷方	期末余额
库存现金					坏账准备				
银行存款					存货跌价准备				
其他货币资金					长期股权投资减值准备				
交易性金融资产					累计折旧				
应收票据					固定资产减值准备				
应收账款					累计摊销				
预付账款					无形资产减值准备				
应收股利					短期借款				
应收利息					应付票据				
其他应收款					应付账款				
材料采购					预收账款				
原材料					应付职工薪酬				
材料成本差异					应交税费				
库存商品					应付利息				
周转材料					应付股利				
持有至到期投资					其他应付款				
长期股权投资					长期借款				
投资性房地产					应付债券				
固定资产					长期应付款				
在建工程					预计负债				
固定资产清理					递延所得税负债				
无形资产					实收资本				
递延所得税资产					资本公积				
生产成本					盈余公积				
待摊费用					合计				

具体来说,先将试算平衡表中各个对应科目的总合计数计算出来,再根据以下3个公式来检查试算是否平衡。

借方科目期初余额合计数＝贷方科目期初余额合计数

全部科目的借方发生额合计数＝全部科目的贷方发生额合计数

133

项目六　会计资料的整理技能

借方科目期末余额合计数＝贷方科目期末余额合计数

试算如果平衡，就可以进行下一步的对账工作。如果试算结果不平衡，首先要检查试算平衡表中导入的数据是否与账簿相符，若数据无误需要查找账簿登记中出错的地方。

总分类账与明细账的核对主要是将一级账户的期末余额与二级账户的期末余额合计数相比较，若还设有三级账户，则将二级账户的期末余额与三级账户的期末余额合计数相比较，以此类推。这种方法称为逐级核对法。

2. 现金日记账、银行存款日记账的核对

总账中的现金余额要与现金日记账中的期末余额相核对，总账中的银行存款余额也要与银行存款日记账中的余额相核对。若发现有不符的情况要及时查明原因。

> ☞ 提示
> 试算平衡不代表账簿记录就完全正确，因为有一些错误无法在试算过程中体现出来。例如，当漏记了某一项业务时，不会使得试算平衡表的贷方与借方出现差额，它们会同时少于实际数。除此之外，借贷方向登记颠倒也无法在试算平衡中体现出来。

（三）账实核对

账实核对是指各种财产物资的账面余额与实存数额进行核对。主要核对的内容有：现金日记账的账面余额与现金实际库存数额相核对，这一核对要求出纳人员在每天工作结束前核对完毕，若有不符的情况及时查明原因并上报会计部门负责人；银行存款日记账的账面余额与开户银行账目相核对，这一核对一般采用定期核对的方式，通过编制银行存款余额调节表来实现；材料、库存商品、固定资产等财产物资明细分类账期末余额与其实有数量相核对，这一核对方式由于涉及实物，因此要求会计人员必要时要到现场盘点；应收账款、应付账款、银行借款等结算款项同有关单位定期核对，这一核对一般采用函证或电话核对的方式。银行存款余额调节表如下表所示。

银行存款余额调节表

	银行日记账余额			银行对账单余额	
加：	银行已收企业未收		加：	企业已收银行未收	
	1：			1：	
	2：			2：	
	3：			3：	
	4：			4：	
	5：			5：	
减：	银行已付企业未付		减：	企业已付银行未付	
	1：			1：	
	2：			2：	
	3：			3：	
	4：			4：	
	5：			5：	
调节后余额		0	调节后余额		0

五、常见的记账错误

（一）记账错误

常见的记账错误有以下几种：会计科目错计入其他科目、漏记或重复记录某一经济业务、金额填写出错、记账方向填反等。如果在对账时发现错误，可以先考虑是否是以上几处错误，若不是，再进行其他错误原因的排查。

（二）检查方法

检查记账错误的方法有很多种，可以将其归为两大类，一类是全面检查法，另一类是抽查法。其中，全面抽查法又可以分为顺查法和逆查法两种。

顺查法是指按照会计人员的记账顺序检查，从原始凭证到记账凭证再到会计账簿。这种方法由于效率较低而且工作量很大不经常使用。逆查法则是用与顺查法完全相反的顺序来检查记账错误的，即先检查各个账户的期末余额是否有误，再检查各账簿的借方发生额、贷方发生额与会计凭证是否相符，然后检查总账记录与明细账是否相符，最后检查原始凭证和会计凭证的记录是否一致。逆查法的工作量比顺查法少，也更容易找到错误，因而使用逆查法的情况更多一些。

抽查法不再是全面地对账簿、会计凭证进行检查，而是运用统计学方法进行抽查。抽查法运用时首先要确定查账的对象，如成本、利润或费用等。然后确定要检查的账期和数量，再选择检查样本，如账簿、会计凭证等。抽查法下有差额法、除 2 法和除 9 法等几种方法。差额法主要用于发现数额重记或漏记的情况，具体操作是在相关的账簿中查找与本应相等的两个数额却出现差额的情况；除 2 法则是将本应相等的两数之间的差额除以 2，然后根据除以 2 之后的结果去寻找与其相同的数字，这样可以发现是否存在着借贷方向记反的情况；除 9 法是用来寻找金额数位漏记或错位的情况的。例如，40 写成了 400，这就使原数字被增大了 9 倍，如果用 9 去除这个被增大的差数，就可以得到原来正确的数字。同样，如果 63 被写成了 36，那么差额为 27，27 除以 9 之后结果为 3，这就表示相邻的两个数发生颠倒，差值为 3（6-3），因此可以从差值相邻为 3 的数中查找错误。

（三）错误更正的方法

1. 划线更正法

划线更正法适用于在结账前发现账簿记录有文字或数字错误，而记账凭证没有错误时。更正时，可在错误的文字或数字上划一条红线，在红线的上方填写正确的文字或数字，并由记账人员及会计机构负责人员（会计主管人员）在更正处盖章，以明确责任，如下图所示。

2. 补充登记法

补充登记法适用的是账簿登记完毕后,发现会计凭证与原始凭证之间出现差额,但是会计科目和记账方向无误,只是金额少计的情况。补充登记是针对会计凭证和会计账簿而言的,首先根据少计的金额用蓝字填制一张补充的凭证,再依据该凭证登记入账。

六、结账

(一) 日结

前面已经提到现金日记账和银行存款日记账要在每天工作结束时结出这一天的借方发生额、贷方发生额和余额,那么具体怎么结账呢?

结账时,首先在摘要栏注明"本日合计",然后在日结数的上方和下方各划一条红线。

> **提示**
> 银行存款日记账如果业务量少,也可以按旬或按月结账。

(二) 月结

月结时要分情况处理,如果账簿是三栏式的,那么要将其借方发生额、贷方发生额和月末余额统计出来,然后在摘要栏标明"本月合计",并对该金额的上下都划通栏红线表示结账。

但是有的账簿不需要统计本月的发生额,如应收和应付账款的明细账,它们在每笔业务发生后都会结出余额,那么可以直接在最后一笔业务结出的余额下划一条通栏单红线,表示结账即可。

> **知识链接**
> 月末余额=月初借方(贷方)余额+本月借方(贷方)发生额合计−本月贷方(借)方)发生额合计

月结如下表所示。

年		凭证字号	银行凭证	摘要	对应科目	借方 亿千百十万千百十元角分	贷方 亿千百十万千百十元角分	借或贷	金额 亿千百十万千百十元角分	√
月	日									
11	1			期初余额				借	1 5 7 5 0 0 0 0	
	1	记03	电汇0284	收前欠账款	应收账款	3 5 1 0 0 0 0		借	1 9 2 6 0 0 0 0	
	5	记09	银汇2392	票据到期收款	应收票据	1 1 7 0 0 0 0 0		借	3 0 9 6 0 0 0 0	
	7	记15	电汇0121	购机器设备	固定资产		8 0 0 0 0 0 0	借	2 2 9 6 0 0 0 0	
	12	记18	赐微051	缴存现销收入	主营业务收入	5 0 0 0 0 0		借	2 3 4 6 0 0 0 0	
	18	记22	支3199	向南丰电子采购	材料采购		7 0 2 0 0 0 0	借	1 6 4 4 0 0 0 0	
	27	记32	支3200	付办公用房租金	管理费用		1 0 0 0 0 0 0	借	1 5 4 4 0 0 0 0	
	30	记55		现销	主营业务收入	1 0 5 0 0 0 0		借	2 0 1 2 0 0 0 0	
	30			本月合计		2 0 3 9 0 0 0 0	1 6 0 0 0 0 0 0			

(三) 年结

年结与月结类似,在摘要栏内标注"本年累计",在结出的金额下方划通栏双红线表示结账。年结如下表所示。

任务四　财务报告和其他会计资料的整理和归档

库存现金

年月	年日	凭证种类	凭证号数	摘要	日期	借方 百	十	万	千	百	十	元	角	分	贷方 百	十	万	千	百	十	元	角	分	借或贷	余额 百	十	万	千	百	十	元	角	分
				承前页				2	1	7	4	4	1	0			2	1	7	1	1	0	0	0	借				1	1	3	0	0	0
11	20	记汇	32	11—20日发生额					1	9	2	0	0	0				2	0	1	0	0	0	0	借					2	3	0	0	0
	30	记汇	33	21—30日发生额					1	0	1	0	0	0											借					1	2	4	0	0
12	10	记汇	34	1—10日发生额					1	0	8	0	0	0						9	0	0	0	0	借					6	1	0	0	0
	20	记汇	35	11—21日发生额					1	7	2	8	0	0					1	8	0	9	0	0	借					6	1	0	0	0
	31	记汇	36	21—31日发生额						9	0	9	0	0											借				1	5	1	9	0	0
				本年合计				2	5	6	9	2	0	0			2	5	6	2	0	0	0	0	借				1	5	1	9	0	0
				结转下年																														

七、账簿的归档

可以直接将账簿单独放入档案柜中，也可以先装入档案盒再放入档案柜保管。会计账簿的保管年限为：总账、各类明细账、日记账要求至少保管30年，固定资产卡片账要在固定资产报废清理后至少保管5年，以备查。

> ☞ **提示**
> 装盒时，既不能跨年也不能跨期限。

会计档案盒和会计档案柜分别如下图所示。

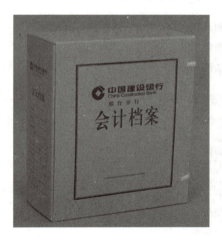

任务四　财务报告和其他会计资料的整理和归档

一、会计报告

会计报告即财务会计报告，是指企业对外提供的反映企业某一特定日期财务状况和某一会计期间经营成果、现金流量的文件。以账簿记录为依据，采用表格和文字形式，把会计所形成的财务信息传递给信息使用者的手段。

简单来说，会计报告包括四表一注。四表是指资产负债表、利润表、现金流量表、所有者权益变动表，一注是指会计报表附注。

（一）资产负债表

资产负债表是反映企业在一定日期（通常为各会计期末）的财务状况的会计报表。通常将资产负债表分为三大部分：资产、负债和所有者权益。而且资产负债表遵循着"资产＝负债+所有者权益"这一等式。在表格的左侧列示本企业所有的资产项目，如库存现金、银行存款、应收账款、存货、固定资产等；而在表格的右上方列示本企业的负债，包括短期负债和长期负债两种；在表格的右下方列示本企业的所有者权益，包括实收资本、盈余公积和未分配利润。

资产负债表如下表所示。

资产负债表　　　　　　　　　　　　　　　　　　　　　　　　会企01表

编制单位：　　　　　　　　　　年　月　日　　　　　　　　　　　　　单位：元

资产	期末余额	上年年末余额	负债和所有者权益（或股东权益）	期末余额	上年年末余额
流动资产：			流动负债：		
货币资金			短期借款		
以公允价值计量且其变动计入当期损益的金融资产			以公允价值计量且其变动计入当期损益的金融负债		
衍生金融资产			衍生金融负债		
应收票据			应付票据		
应收账款			应付账款		
预付款项			预收款项		
其他应收款			应付职工薪酬		
存货			应交税费		
持有待售资产			其他应付款		
一年内到期的非流动资产			持有待售负债		
其他流动资产			一年内到期的非流动负债		
流动资产合计			其他流动负债		
非流动资产：			流动负债合计		
可供出售金融资产			非流动负债：		
持有至到期投资			长期借款		
长期应收款			应付债券		
长期股权投资			其中：优先股		
投资性房地产			永续债		

续表

资产	期末余额	上年年末余额	负债和所有者权益（或股东权益）	期末余额	上年年末余额
固定资产			长期应付款		
在建工程			预计负债		
生产性生物资产			递延收益		
油气资产			递延所得税负债		
无形资产			其他非流动负债		
开发支出			非流动负债合计		
商誉			负债合计		
长期待摊费用			所有者权益（或股东权益）：		
递延所得税资产			实收资本（或股本）		
其他非流动资产			其他权益工具		
非流动资产合计			其中：优先股		
			永续债		
			资本公积		
			减：库存股		
			其他综合收益		
			专项储备		
			盈余公积		
			未分配利润		
			所有者权益（或股东权益）合计		
资产总计			负债和所有者权益（或股东权益）总计		

（二）利润表

利润表是反映企业在一定会计期间经营成果的报表。由于它反映的是某一期间的情况，因此，又称为动态报表。利润表分为单步式和多步式两种，在我国采用多步式利润表。多步式利润表主要分为以下 4 步计算企业的利润。

（1）以主营业务收入为基础，减去主营业务成本和主营业务税金及附加，计算主营业务利润。

（2）以主营业务利润为基础，加上其他业务利润，减去销售费用、管理费用、财务费用，计算出营业利润。

（3）以营业利润为基础，加上投资净收益、补贴收入、营业外收入，减去营业外支出，计算出利润总额。

（4）以利润总额为基础，减去所得税，计算净利润。

利润表如下表所示。

项目六　会计资料的整理技能

利润表

编制单位：　　　　　　　　　　　　　　　年　月　　　　　　　　　　　　　会企 02 表
　　　　　　　　　　　　　　　　　　　　　　　　　　　　　　　　　　　　　单位：元

项目	本期金额	上期金额
一、营业收入		
减：营业成本		
税金及附加		
销售费用		
管理费用		
研发费用		
财务费用		
其中：利息费用		
利息收入		
加：其他收益		
投资收益（损失以"-"号填列）		
其中：对联营企业和合营企业的投资收益		
公允价值变动收益（损失以"-"号填列）		
资产减值损失（损失以"-"号填列）		
资产处置收益（损失以"-"号填列）		
二、营业利润（亏损以"-"号填列）		
加：营业外收入		
减：营业外支出		
三、利润总额（亏损总额以"-"号填列）		
减：所得税费用		
四、净利润（净亏损以"-"号填列）		
（一）持续经营净利润（净亏损以"-"号填列）		
（二）终止经营净利润（净亏损以"-"号填列）		
五、其他综合收益的税后净额		
（一）不能重分类进损益的其他综合收益		
1. 重新计量设定收益计划变动额		
2. 权益法下不能转损益的其他综合收益		
……		
（二）将重分类进损益的其他综合收益		
1. 权益法下可转损益的其他综合收益		
2. 可供出售金融资产公允价值变动损益		
3. 持有至到期投资重分类为可供出售金融资产损益		
4. 现金流量套期损益的有效部分		
5. 外币财务报表折算差额		
……		

140

续表

项目	本期金额	上期金额
六、综合收益总额		
七、每股收益：		
（一）基本每股收益		
（二）稀释每股收益		

（三）现金流量表

现金流量表主要反映出资产负债表中各个项目对现金流量的影响，并根据其用途划分为经营、投资及融资3个活动分类。现金流量表可用于分析一家机构在短期内是否有足够现金去应付开销。

☞ **提示**

现金流量管理中的现金，不是通常所理解的手持现金，而是指企业的库存现金和银行存款，还包括现金等价物等变现能力较强的资产。

在现金流量表中，将现金流量分为三大类：经营活动现金流量、投资活动现金流量和筹资活动现金流量。

经营活动是指直接进行产品生产、商品销售或劳务提供的活动，它们是企业取得净收益的主要交易和事项。从经营活动的定义可以看出，经营活动的范围很广，包括除投资活动和筹资活动以外的所有交易和事项。普通企业的经营活动主要有销售商品、提供劳务、购买商品、接受劳务、支付税费等。

投资活动是指长期资产的购建和不包括现金等价物范围内的投资及其处置活动。

筹资活动是指导致企业资本及债务规模和构成发生变化的活动，"资本"指的是实收资本（股本）和资本溢价（股本溢价）。

☞ **提示**

应付票据和应付账款的产生是由于经营活动而不是投资活动。

现金流量表如下表所示。

现金流量表　　　　　　　　　　　　　　会企03表

编制单位：　　　　　　　　　年　月　　　　　　　　　　　　单位：元

项目	本期金额	上期金额
一、经营活动产生的现金流量：		
销售商品、提供劳务收到的现金		
收到的税费返还		
收到其他与经营活动有关的现金		
经营活动现金流入小计		
购买商品、接受劳务支付的现金		
支付给职工以及为职工支付的现金		
支付的各项税费		
支付其他与经营活动有关的现金		

项目六 会计资料的整理技能

续表

项目	本期金额	上期金额
经营活动现金流出小计		
经营活动产生的现金流量净额		
二、投资活动产生的现金流量：		
收回投资收到的现金		
取得投资收益收到的现金		
处置固定资产、无形资产和其他长期资产收回的现金净额		
处置子公司及其他营业单位收到的现金净额		
收到其他与投资活动有关的现金		
投资活动现金流入小计		
购建固定资产、无形资产和其他长期资产支付的现金		
投资支付的现金		
取得子公司及其他营业单位支付的现金净额		
支付其他与投资活动有关的现金		
投资活动现金流出小计		
投资活动产生的现金流量净额		
三、筹资活动产生的现金流量：		
吸收投资收到的现金		
取得借款收到的现金		
收到其他与筹资活动有关的现金		
筹资活动现金流入小计		
偿还债务支付的现金		
分配股利、利润或偿付利息支付的现金		
支付其他与筹资活动有关的现金		
筹资活动现金流出小计		
筹资活动产生的现金流量净额		
四、汇率变动对现金及现金等价物的影响		
五、现金及现金等价物净增加额		
加：期初现金及现金等价物余额		
六、期末现金及现金等价物余额		

（四）所有者权益变动表

所有者权益变动表共有四大项，分别是上年年末余额、本年年初余额、本年增减变动金额和本年年末余额。其中最重要的一部分是本年增减变动金额，包括净利润、直接计入所有者权益的利得和损失、所有者投入和减少资本、利润分配和所有者权益内部转换5个分类。所有者权益变动表中对各项目都要设置"本年金额"栏和"上年金额"栏，以方便对比，如下表所示。

所有者权益变动表

编制单位：_____ 年度_____ 会企04表 单位：元

项目	本年金额										上年金额									
	实收资本（或股本）	其他权益工具			资本公积	减：库存股	其他综合收益	专项储备	盈余公积	未分配利润	所有者权益合计	实收资本（或股本）	其他权益工具			资本公积	减：库存股	其他综合收益	专项储备	盈余公积	未分配利润	所有者权益合计
		优先股	永续债	其他									优先股	永续债	其他							
一、上年末余额																						
加：会计政策变更																						
前期差错更正																						
其他																						
二、本年初余额																						
三、本年增减变动金额（减少以"-"号填列）																						
（一）综合收益总额																						
（二）所有者投入和减少资本																						
1. 所有者投入的普通股																						
2. 其他权益工具持有者投入资本																						
3. 股份支付计入所有者权益的金额																						
4. 其他																						
（三）利润分配																						
1. 提取盈余公积																						
2. 对所有者（或股东）的分配																						
3. 其他																						
（四）所有者权益内部结转																						
1. 资本公积转增资本（或股本）																						
2. 盈余公积转增资本（或股本）																						
3. 盈余公积弥补亏损																						
4. 设定受益计划变动额结转留存收益																						
5. 其他																						
四、本年末余额																						

项目六 会计资料的整理技能

（五）会计报表附注

会计报表附注是对会计报表的编制基础、编制原理和方法及主要项目等所做的解释和进一步说明，以便报表的使用者全面、正确地理解会计报表。

二、会计报告和其他会计资料的整理

（一）填写卷内备考表和目录

会计报告的整理方法与会计凭证及会计账簿的整理方法类似，财务报告和其他会计资料比较特殊的地方在于要编制卷内目录并填写卷内备考表。卷内备考表上有"本卷情况说明"一栏，一般填写"本卷共××件××页"。如果卷内文件材料（财务报告类和其他类）有缺损、修改补充、移出、销毁等情况，则将这些情况填写在此处。案卷立好后发生或发现的问题由有关的管理人员填写并签名，标注时间。

（1）卷内备考表如下图所示。

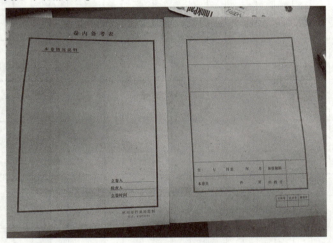

（2）卷内目录如下图所示。

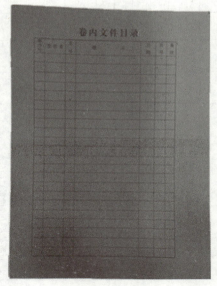

卷内备考表的其他项目如立卷人、检查人、立卷时间和检查时间则按照实际情况填写。

> ☞ 提示
> 检查人：由案卷质量审查者签名；立卷时间：填写完成立卷工作的年月日；检查时间：填写审查案卷质量的年月日。

（二）装订

每年的财务报告按期限分别进行整理，一般按月装订。装订好的会计报告每卷厚度一般不超过2cm，然后用铅笔统一编页码，编码方式与活页账的编码方式类似，此处不再赘述。此外，会计报告要单独装订，不可与会计凭证装订在一起。

> ☞ 提示
> 日报、旬报、半月报可不立卷归档，由财务部门视具体情况保存使用并进行处理。

三、会计档案移交程序

根据法律规定，会计档案在装订完毕之后可以暂由会计部门保管一年，期满后要交至本单位的档案管理部门。未设立档案机构的，应当在会计机构内部指定专人保管。以下是会计移交清册的填写项目和填写要求。

（1）年度：填写需要移交的会计档案所属年度，用4位阿拉伯数字填写。
（2）移交部门及移交人：由单位内财务部门及其管理人员填写并盖章签字。
（3）接收部门及接收人：由单位内档案部门或接收会计档案的有关部门及其管理人员填写并盖章签字。
（4）监交人：由监督办理接交档案手续的人员签名。
（5）移交时间：填写办理会计档案移交手续的年月日。
（6）备注：填写移交范围的会计档案中需标明的情况。

会计移交清册如下表所示。

会计移交清册

序号	案卷题名	档号	年度	保管期限	移交原因	备注

监交人（签名）　　　接收人（签名）　　　送交人（签名）　　　交接日期：　年　月　日

四、会计档案销毁程序

会计档案销毁程序如下。
（1）本单位档案机构、会计机构派员共同组成鉴定小组；对已满或超过保管期限且打

项目六 会计资料的整理技能

算销毁的会计档案逐卷进行鉴定,抽出正在项目建设期间的基建项目会计档案和未结清债权债务有关的原始凭证及会计账簿继续保管。

(2) 编制销毁清册、提出销毁意见。

(3) 单位负责人签署意见。

(4) 由本单位档案机构、会计机构共同派员监销,同时要有同级财政部门、审计部门派员参加监销。财政部门同时要有同级统计部门派员参加监销。

(5) 销毁后,监销人员在销毁清册上签名或盖章,并加盖单位公章,将销毁情况报告本单位负责人。

销毁清册如下表所示。

销毁清册

单位(签章):

档案名称	指数	起止年度	编号	原保管期限	已保管期限	销毁时间	批准销毁文号	备注

课后练习

1. 会计凭证的分类有哪些?它们各自在会计工作中承担什么任务?
2. 会计凭证在登记时出错该怎么办?
3. 会计凭证在装订后出错该怎么办?
4. 两类会计凭证分别要保管多少年?
5. 会计账簿按照外形分类可以分为哪几类?
6. 会计账簿填制中由于笔误金额填错,应该怎么修改?
7. 会计账簿的保管年限是多少?
8. 会计报告包括哪些内容?
9. 简述会计档案归档的程序。
10. 简述会计档案销毁的程序。

项目七

初级会计电算化技能

知识目标

- 了解会计电算化与手工会计信息系统的异同点。
- 掌握基本的计算机知识,包括硬件、软件的构成。
- 熟悉电算化会计核算基本流程。

技能目标

- 熟练操作计算机。
- 能根据经济业务的内容,用会计软件填制各种凭证、票据。
- 能登记各种会计账簿,编制各种会计报表等。

素质目标

培养学生的实践能力,提高学生用计算机技术处理经济业务的水平,启发学生求知探索、不断进取的拼搏精神。

项目七 初级会计电算化技能

知识导图

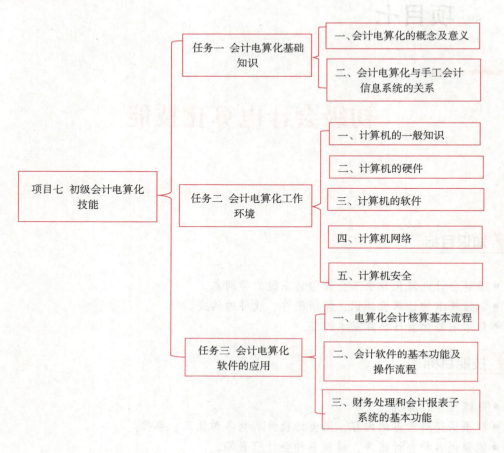

任务一 会计电算化基础知识

引导案例

掌握了会计资料整理的相关技能，有些学生意识到了传统手工记账的不便之处。授课教师提出了一个问题：如果用计算机代替手工，那么二者孰优孰劣呢？

A 同学回答：当然用计算机输入会更高效，也能保证核算的正确性。

B 同学回答：除此之外，在人力和物力的耗费上，显然以计算机输入更加节省。

C 同学回答：虽然用计算机代替手工的好处很多，但是计算机也会出现纰漏，也存在很多网络安全隐患。

思考： 会计电算化的意义是什么？是否可以很好地替代传统的手工会计信息系统？

一、会计电算化的概念及意义

（一）会计电算化的概念

随着我国会计电算化事业的不断完善，"会计电算化"的概念也在不断丰富。一般而言，会计电算化有狭义和广义之分。狭义的会计电算化，是指以计算机为主体的当代电子信息技术在会计工作中的应用。具体来说，就是以计算机为媒介，通过使用会计核算软件代替传统手工很难完成甚至不可能完成的会计工作过程。广义的会计电算化，是指与实现会计电算化的所有工作，包括会计电算化的宏观规划、会计电算化的制度建设、会计电算化软件的开发和应用、会计电算化人才的培养、会计电算化软件市场的培育与发展等。

知识拓展

随着技术的不断发展，会计数据处理的方式经历了手工操作、机械化和电算化几个阶段。"会计电算化"一词是1981年由财政部和中国会计学会在长春市召开的"财务、会计、成本应用电子计算机专题研讨会"上被正式提出来的。简单来说，它是指计算机信息技术在会计工作中应用的简称。

（二）我国会计电算化发展历程

我国的计算机在会计方面的应用起步于20世纪70年代，而会计界和计算机软件界大规模研究计算机应用于会计是从20世纪80年代开始的。总体来说，从会计电算化的服务层次和提供信息的深度，可以将其分为4个不同的发展阶段。

1. 模拟手工记账的探索起步

模拟手工记账探索起步时期的电算化系统只是对手工传统核算的简单模仿，主要是运用计算机代替手工核算，完成初始化和日常的会计核算业务。这一阶段的主要工作内容包括设置会计科目、填制会计凭证、登记会计账簿、结账、成本核算和编制会计报表等。但是，这个时期的电算化系统十分不完善，各个企业各自为政，存在着编码不统一、核算不规范的问题，只是减轻了大量基础的会计工作。

2. 与其他业务的深入结合

伴随着计算机技术、会计理论的发展，会计核算电算化逐渐过渡到会计管理电算化，从单纯的财务处理逐渐向集成化管理发展。这个时期，会计管理电算化的主要任务是进行会计预测、编制财务计划、进行财务控制和开展会计分析等，从而帮助会计人员合理地规划和运用资金，以达到节约生产成本和费用开支，最终提高经济效益的目的。本阶段财政部开始进入电算化工作的统一领导阶段，各个企业开始由政府指导，市场上出现了数以百计的经过财政部评审的商品化电算化软件。

3. 引入会计专业判断的渗透融合

在引入会计专业判断的渗透融合阶段，会计电算化正式进入高级阶段，即会计决策电算化。它是在会计管理电算化提供的信息基础上，结合其他的数据和信息，同时借助于决策支持系统的理论和方法，帮助决策者制定科学的决策方法，如生产决策、销售决策和财务决策等。

项目七　初级会计电算化技能

☞ 提示

会计软件总体上讲仍然是人机系统，是一种辅助进行决策的支持系统。它不是完全代替人去做决定，在业务处理上仍然需要会计人员做相关的业务判断。这一系统从根本上是以现代信息技术为手段，为决策者提供所需的各类信息及相应的科学方法和数学模型，最终帮助决策者筛选出最佳方案，以减少或避免决策失误，降低决策风险。

4. 与内控相结合建立 ERP 系统的集成管理

简而言之，ERP 系统是将企业的所有资源进行整合集成管理，将企业的物流、资金流和信息流进行全面一体化管理的信息系统。所谓内部控制系统，是指一个单位在其内部采取的自我调整、约束、规划、评价和控制的一系列方法和措施的总称，从而保证会计信息的可靠性，资产安全的完整性，进而确保经营方针的贯彻执行。

（三）会计电算化的意义

1. 促进会计核算资料的及时性

计算机能够以极高的速度来处理会计数据，然而传统的手工模式需要几个人工作几天才能完成同样数量的工作，因此会计电算化大大节省了计算时长，能及时提供所需的会计数据。

2. 促进会计工作规范化，保证会计核算正确性

采用计算机进行会计核算，计算精度高，已设置好的程序可自行完成各项数据的计算与记录，只要输入的数据是正确的，极少会发生错误。软件采用先进的技术对输入数据进行校验，防止非法数据的进入，促进了会计工作的规范化，进而提高了会计信息的质量。

☞ 知识链接

（1）实现会计电算化后，只需在计算机终端上输入各种生产经营活动的原始数据，大量的数据计算、分析、归集、汇总等工作，全部由计算机完成。相比于需要重复抄录的手工处理，会计电算化的模式将会计人员从繁杂的记账、算账、报账中解脱出来，减轻了劳动强度，同时也使会计人员有更多的时间和精力从事对生产经营活动的观测、控制等管理活动，从而全面发挥会计在经济管理中的作用。

（2）会计电算化的实现，对会计人员提出了更高的要求。一方面，会计信息处理方式的改变，要求会计人员学习和掌握许多新知识和技能；另一方面，会计职能的转变，需要会计人员更多地参与经济活动的分析、预测，探索经济活动的规律。

3. 充分发挥会计的职能，提高企业管理水平

会计的核算职能主要包括对经济活动的计算和记录。记录是为了反映过去和保持记忆，而计算机能以极密集的方式存储会计信息，提供丰富的会计信息。会计的监督职能主要包括对有价值的经济活动进行指导、控制和检查。由于会计电算化核算信息系统可以获得更为准确、详尽、及时的会计数据，将会计信息有效地提供给有关部门，因此可以更好地对经济活动进行监督。除此之外，会计的职能还包括通过分析进行预测并参与经济决策。会计电算化后，将会计人员从繁杂的事务中解放出来，使他们把主要精力用于经济活动的分析、预测，同时也提供了更全面、更科学的决策依据。

知识拓展

（1）由于会计电算化改变了传统的会计信息处理技术，必然会对会计核算方式、方法、程序、内容等方面产生一定的影响。同时，会计电算化提出了许多新的技术问题，如电算化后的内部控制、审计方法等，促使会计理论和会计实务工作者去研究、探索，推动会计理论研究和实务发展。

（2）会计信息作为经济活动信息的重要组成部分，在经济管理中起着至关重要的作用。实现会计电算化后，不仅可以使会计信息得到及时、准确的处理，有助于管理者及时做出决策，也可以使大量的信息得到共享，促进和带动其他业务，为整个管理现代化奠定基础。

二、会计电算化与手工会计信息系统的关系

（一）会计电算化信息系统和手工会计信息系统的共同点

1. 系统目标一致

无论是手工会计信息系统还是会计电算化信息系统，其最终目标都是对立统一的，即提供会计信息，加强经营管理，参与经营决策，提高经营效益。

2. 遵守同样的会计法规及财政制度

与传统的手工会计信息系统一样，会计电算化信息系统的应用也要遵从财经法规制度，甚至要更加严格地维护财经法规，从技术上、制度上堵塞可能的弊端，以及防范潜在的网络安全问题。

3. 合理保存会计档案

无论哪种会计信息系统，由于会计档案是重要的历史资料，都要对其进行妥善保管。随着会计档案的物理性质发生变化，会计备份资料就更容易消失或被复制，因此更要加强对会计电算化信息系统的管理。

4. 编制统一的会计报表

会计报表用来综合反映企业经营、资金、成本等主要经济活动，也是国家宏观决策的依据之一，因此会计电算化信息系统应当编制符合国家要求的会计报表。

5. 遵循基本的会计理论与会计方法

会计电算化信息系统的出现，必然会引起会计理论上和方法上的变革，但这种变革是渐进式的、不完美的。也就是说，目前为止所建立的会计电算化信息系统应当遵循着基本的会计理论和会计方法，否则将会导致系统研制的失败。

6. 信息系统的基本功能相同

☞ 提示

任何一种信息系统必须具备5种基本功能：信息的采集与记录；信息的存储；信息的加工处理；信息的传输；信息的输出。对会计而言，无论是手工系统还是人机系统，要达到系统目标，必须遵从以上5个步骤。会计电算化系统由于使用了现代化的装备和科学的管理体制，其功能应当比手工信息系统更强大。

（二）会计电算化信息系统和手工会计信息系统的区别

1. 运算工具不同

最传统的手工会计信息系统使用的运算工具是算盘、机械的或电子的计算器，计算时每运算一次都要重复操作一次，工作量十分庞大。再者，由于不能存储运算结果，工作人员不得不边运算边记录，工作效率低下。相反，会计电算化信息系统使用的运算工具是计算机，数据的处理过程都是由机器精准完成的。由于它能储存运算结果，使用者只要输入原始数据便能得到所希望的信息。

2. 信息载体不同

手工会计信息系统中的所有信息都是以纸张为载体的，一方面占用空间大，不易保管；另一方面查找起来十分困难。会计电算化信息系统除了必需的会计凭证之外，均可用磁性材料作为信息载体。它不仅占用空间小，而且查找方便，便于管理。

3. 簿记规则不同

手工会计信息系统采用 3 套账簿，即日记账、总账和明细账来实现相互牵制、相互校对的目的。日记账和总账要用订本式账册，而明细账需要用活页式账册。当发生账簿记录错误时，需要用划线法和红字法更正，账页中的空行、空页要用红线划掉。

> **知识拓展**
>
> 会计电算化信息系统并不设立日记账、明细账、总账三套账簿，更不必全部打印。其打印输出的账页是折叠或带卷状的，与市售的账簿明显不同。通过计算机对凭证的分类、排序、合并，任何一种账簿形式都可以随时生成。会计电算化信息系统规定，当发生错误时，为了保证审计时有迹可循，凡是已经登记过账的数据不得擅自更改，应采用更改凭证的方式进行修改，以免留下改动的痕迹。对于需要打印账页的空行、空页，可采用人工处理的方法。

4. 会计核算形式不同

手工会计信息系统的会计核算形式有 4 种，但都避免不了重复转抄与计算的根本弱点，因此伴之而来的是人员、环节与差错的增多。

会计电算化信息系统的会计核算形式有两种。第一种是基本上按手工会计信息系统的方式进行系统移植，根据目前的经济状况与开发水平，此方法为佳。第二种是理想化的全自动账务处理程序，包含以下 3 点。

（1）会计磁条凭证化，即在规格化的会计凭证上，用磁性墨水书写或打上条形码，由阅读设备识别后将数据传输到计算机中。

（2）在计算机中以资产负债表、损益表、现金流量表三大财报为中心，分别对数据进行处理，同时辅以成本核算模块程序。

（3）由用户定义输出形式与结果，输出设备提供查询与打印。

5. 人员机构不同

手工会计信息系统中的人员均是会计专业人员，其中的权威应该是会计师；会计电算化信息系统的人员更加多元化，由会计专业人员、计算机软件、硬件及操作人员组成，其中的权威应该是系统设计师。

6. 会计工作组织体制不同

手工会计信息系统的会计工作组织体制根据会计事务的不同性质作为制定的主要依据。一般情况下,手工会计信息系统划分为如下专业组:工资组、材料组、成本组、资金组、固定资产组、综合财务组,它们之间通过信息资料的传递、交换建立联系,相互稽核牵制,使系统正常运转。

会计电算化信息系统将数据的不同形态作为制定的主要依据,一般人机系统可划分为如下的专业组。

(1) 数据收集组:本组类似于手工系统的出纳工作,主要面向系统外部,是以原始凭证为原始数据处理各项会计业务的。

(2) 凭证编码组:按照事先规定的编码原则或编码手册对凭证或需要数据处理的其他文件进行编码。

(3) 数据处理组:包括数据输入、处理、输出等各项操作。

(4) 系统维护组:对系统的软硬件进行维护,保证系统的正常运行,满足系统的业务要求。

显然,会计电算化信息系统的工作组织体制是有明显优越性的。它将传统的分散收集方式和重复记录的操作改为集中收获、统一处理、数据共享的模式。

7. 内部控制方式不同

手工会计信息系统对会计凭证的正确性一般从摘要内容、数量、单价、金额、会计分录等项目来审核,对账目的正确性一般从3套账册的相互核对来验证。除此之外,还通过账证相符、账账相符、账实相符等内部控制方式来保证数据的正确性。

会计电算化信息系统由于会计核算方式和会计工作组织体制的变化,除原始数据的收集、审核、编码由会计人员进行外,其余技术处理都是由计算机部门负责。这种由人工控制到人机控制的转变使得内部控制的要求提高了。若不加强会计电算化信息系统的内部控制,更为严密地、广泛地进行审核,必将造成比手工系统更大的危害。

综上所述,会计电算化的产生是会计史上崭新的一页。这一转变将对传统的会计理论和会计方法产生巨大的影响,进而引起会计制度、会计管理体制的变革,最终使会计工作走向规范化、标准化、通用化和管理的现代化。

> ☞ 想一想
> 根据会计电算化信息系统的特点,基层单位会计电算化的实现过程是怎样的?

任务二　会计电算化工作环境

引导案例

> 了解会计电算化的基础知识以后,授课教师提出了一个问题:大家了解会计电算化所必需的工作环境吗?

项目七 初级会计电算化技能

A 同学回答：需要一台能高效运作的计算机。
B 同学回答：需要专门的会计系统软件和应用软件。
C 同学回答：AB 同学回答的不全面，还需要基于强大的计算机网络。
D 同学回答：良好的工作环境的前提是安全运行的计算机系统。
思考：你觉得 ABCD 四位同学说得对吗？是否还有需要补充的地方？

一、计算机的一般知识

（一）计算机及其分类

计算机是一种能够按照指令对各种数据和信息进行自动加工和处理的电子设备，包括多个零配件，如中央处理器、主板、内存、电源、显卡等。同时，作为一种接受、处理和提供数据的装置，计算机通常由存储器、输入和输出设备、运算和逻辑部件及控制器组成。

从不同的角度，计算机可按不同的标准进行分类。例如，从计算机规模角度，可将其分为巨型机、大型机、中型机、小型机和微型计算机；从应用范围的角度，计算机可分为专用机和通用机；根据会计电算化学习的需要，从用户使用角度，计算机可分为微型计算机、服务器和终端计算机等。

知识拓展

自 1946 年出现第一台电子计算机起，以后 70 年左右的时间，电子计算机的发展主要经历了 5 个重要阶段：电子管时代；晶体管时代；中、小规模集成电路时代；超大规模集成电路时代；超级规模集成电路时代。

（二）计算机性能指标

如果要科学地评价一个计算机系统的性能怎样，不能简单地根据单一的技术指标来评价，而是要全面地看待问题。到目前为止，评价计算机性能指标时考虑的因素有以下几点。

（1）主频。主频是指 CPU（中央处理器）在单位时间内的平均"运行"次数，它在很大程度上决定了计算机的运行速度。主频的单位为吉赫兹（GHz）。如今中高档计算机的主频一般在 2GHz 以上。随着科技的发展，CPU 的主频仍在不断提高，但在工艺的提高上遇到了瓶颈，截至目前最具有意义的方式是增加 CPU 内处理核心的数量，向多核方向发展。

（2）字长。字长一般与运算器所含的二进制数据的位数相等。通常计算机字长有 8 位、16 位、32 位、64 位之分。**作为衡量计算机精度的主要指标，字长越长，意味着可用来表示数的有效位越多，计算机处理数据的精度也就越高。**以下一些参数和字长有关。

①指令长度：机器字长通常决定了指令的信息长度。
②运算精度：一般来讲，字长越长，运算精度越高。
③存储单元长度：指字长的整倍数，因此字长越长，寻址范围越大。

（3）内容存量：指计算机系统所配置的内存总字节数，CPU 可直接访问这部分存空间。内存容量以 MB 为单位,简写为 M。一般情况下,内存容量是 2 的整次方倍,如 64MB、128MB、256MB 等。内存容量越大,所能存储的数据和运行的程序也就越多,程序运行的速度就越快,处理信息的能力就越强。内存的性能指标是指存储容量和存取速度。众所周知,计算机采用二进制来存储信息,而二进制中只能有两个不同的数码,即 0 和 1。二进制中的一个位就是 bit,这是计算机中数据的最小单位。8 位二进制组成 1 个字节,是计算机数据的最基本单位。存储容量是指存储器可容纳的二进制位信息量,其常用单位还有千字节(KB)、兆字节(MB)和吉字节(GB)等。

(4) 外设配置:外设就是微机的外部设备,如显示器、鼠标、键盘和扫描仪等。外部配置的好坏直接影响到计算机的使用性能,所以选择与计算机相兼容的、性能优良的外部设备十分重要。

(5) 可靠性:可靠性是指平均无故障工作的时间。值得注意的是,这里的故障主要指微机的硬件故障,而不是指错误操作软件引起的故障。

(三) 计算机系统的组成

计算机系统是由硬件系统和软件系统组成的,如下图所示。硬件和软件是一个完整运行计算机系统相辅相成的两大部分。硬件是软件工作的物质基础,软件的正常工作是硬件发挥作用的唯一途径。在一定意义上,硬件与软件之间没有绝对严格意义上的划分。随着硬件技术的迅速发展,软件随之不断发展。同时,软件的不断精进与完善又促进硬件的更新换代。因此,二者密切地交织发展,缺一不可。

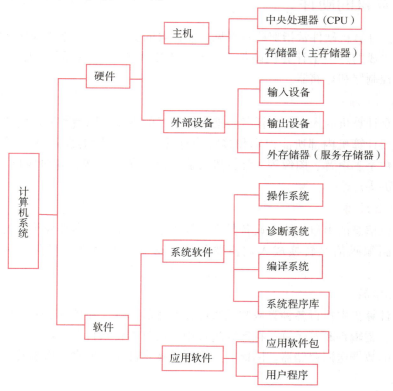

项目七　初级会计电算化技能

（四）计算机的应用

计算机的应用已经深入到人们日常生活的方方面面，成为社会整体进步的强大推动力量。根据使用计算机的主要特点，计算机的应用主要可以分为以下几大类。

（1）数据处理。数据处理就是计算机对输入的各种数据进行一系列的加工处理，包括存储、分类、排序、合并、统计、整理、传输和打印输出等。利用计算机进行数据处理主要是一种非数值计算，是信息化社会的主要特征。数据处理应用于很多领域，如人事档案管理、资金账目管理、预订机票和卫星图像处理等方面，并应运而生了很多类型的管理信息系统。

（2）过程控制。过程控制又称为实时控制，是指及时收集检测数据，按最佳值调节控制对象的进程，如飞行控制系统、导弹自动瞄准系统、炼钢过程的计算机控制等。

（3）辅助工程。辅助工程是指使用计算机，在与设计人员的交互作用下，实现最佳化设计判定和处理，如计算机辅助设计（CAD）、计算机辅助教学（CAI）和计算机辅助制造（CAM）等。

（4）人工智能。如今科技水平已经发展到一定高度，人工智能（AI）便是一门探索利用计算机模拟人的智能活动的前沿学科。例如，它使计算机具有识别语言、文字、图形，以及学习、推理和适应环境的能力。其研究的主要领域是模拟识别、景物分析、自然语言理解、机器人、博弈问题和专家系统等。

二、计算机的硬件

通俗来讲，计算机硬件常指那些看得见、摸得着的实体部件，这些部件一般是由电子器件和机械设备组成的。一个计算机硬件系统至少有5个基本组成部分：输入设备、输出设备、运算器、控制器和存储器。

（一）输入设备

输入设备是计算机的入口，其任务是把人们编好的程序或原始数据送到计算机中去，并且将它们转换成计算机内部所能识别和接收信息的方式。不同的设备有不同的信息表现形式，如字符、数字、声音、图像等。计算机的输入设备种类很多，如摄像机、键盘、鼠标、扫描仪、触摸屏等。

（二）输出设备

作为计算机信息的出口，输出设备是将计算机中的数据信息向外部传送的设备。它将计算机中的二进制编码信息转换成人们需要的信息形式，如表格、声音、图像、曲线、字符等。

（三）运算器

运算器是计算机中执行各种算数和逻辑运算操作的部件。在控制器的控制下，运算器可完成加减乘除、逻辑判断等运算。在运算过程中，运算器将来自存储器的数据进行处理，最后再将处理后的数据送回存储器。因此，运算器的技术性能高低直接影响着计算机的运算速度和整机性能。

（四）控制器

控制器是计算机的指挥控制中心，好像计算机的神经中枢，负责向计算机的各个部分发出控制信号，使整个计算机有条不紊地自动工作。执行程序时，控制器先从内存中按顺序逐条取出指令，并对指令进行分析，然后根据指令向各个部件发出控制信号。运算器和控制器统称为中央处理器，即 CPU（Central Processing Unit），它是计算机硬件的核心。

（五）存储器

存储器是一个记忆装置，用来存放程序和数据，也是计算机各种信息存放和交流的中心。在计算机系统中，存储器分为两大类：内存储器和外存储器。内存储器可被 CPU 直接访问，存取速度较快但容量较小，一般用来存放当前正在执行的程序和数据。而外存储器位于主机外部，存储容量大，价格较低，但存取速度较慢，一般用来存储暂时不参与运行的程序和数据。因此，外存储器是内存储器的后援支持，常用的外存储器有 U 盘、光盘、硬盘等。

三、计算机的软件

软件是计算机的重要组成部分，是指为运行、管理和维护计算机所编制的各种程序的总和。也就是说，一台性能优良的计算机硬件系统能否发挥其应有的功能，很大程度上取决于相应配置的软件的完善性与丰富度。而一台没有任何软件配置的计算机，称为"裸机"。单纯的裸机不可能完成任何有实际意义的工作。因此，计算机系统在"裸机"的基础上，通过不同软件的支持后，最终向用户呈现出友好的使用界面和强大的功能。

现代计算机软件泛指各种程序和文件，多种多样的软件通过有机结合构成了软件系统。根据不同的配置和功能划分，软件系统可分为系统软件和应用软件两大类。

（一）系统软件

系统软件是指用于管理、控制和维护计算机硬件资源和软件资源，分配和协调计算机各部分工作，增强计算机功能的程序。系统软件划分为操作系统、计算机语言及其处理程序、数据库系统、网络系统和使用程序。

（二）计算机程序设计语言

计算机程序设计语言是人与计算机之间进行交流、沟通的语言。计算机软件一般通过计算机程序设计语言编制。会计核算软件也是用相应的计算机程序设计语言编写出来的。语言处理系统包括机器语言、高级语言和汇编语言。在这些语言中，除了个别储存在只读内存中独立运行外，其他的都必须在操作系统的支持下才能运行。

（三）应用软件

应用软件是为了解决实际问题而设计的程序，既可以在市场上直接购买，也可以自己进行开发，如图书管理程序、人事管理程序、会计软件和办公自动化软件等。常用的会计软件包括文字处理器软件（如 Word、WPS 等）、课程制作软件（如 PowerPoint、Authorware 等）和绘图软件（AutoCAD、Photoshop 等）。

四、计算机网络

（一）计算机网络的概念及功能

计算机网络是现代计算机技术与通信技术相结合的产物。在统一的网络协议控制下，计算机网络将地理位置分散的许多独立的计算机系统连接在一起，以达到硬件资源、软件资源和信息资源共享及信息传递的目的。计算机网络的功能多种多样，例如：

（1）数据交换和通信。
（2）硬件、软件和数据等资源的共享。
（3）分布式网络处理。
（4）提高系统的可靠性和可用性。
（5）提高系统性能价格比，易于扩充，便于维护。

（二）计算机网络分类

按照不同的分类标准，计算机网络可以分为如下几类。

（1）按照地理有效范围划分，计算机网络可分为广域网、局域网和城域网。
（2）按使用范围划分，计算机网络可分为公用网和专用网。
（3）按通信媒体划分，计算机网络可分为有线网和无线网。

当然计算机网络还有很多种划分标准，但是从地理有效范围划分是大家都认可的一种通用网络划分标准。局域网是一种在小区域内使用的由多台计算机组成的网络。广域网又称远程网，是由相距较远的计算机系统或局域网互联而成的计算机网络。

（三）互联网

1. 互联网的概念

互联网链接了分布在全世界各地的计算机，并且制定了统一的规则为每台计算机命名，进而协调计算机之间的交往。互联网冲破了传统的中央控制的网络结构，任何用户都不会被另一方控制。互联网使世界变成了一个有机整体，而每个用户都是平等的一部分。

2. 互联网的应用

互联网的应用领域非常广，包括电子邮件、新闻组、万维网、文件传输、远程登录、电子公告板等。从使用者角度，互联网的主要应用领域有收发电子邮件、运行网络应用软件、浏览网络信息等。

> ☞ **知识链接**
>
> 互联网网址是互联网的重要标识。网址通常是指因特网上网页的地址。网址在因特网中，如果用户要从一台计算机访问网上另一台计算机，即必须知道对方的网址。互联网网址的表示方法主要有以下几种。
>
> （1）IP 地址。Internet 上的每台主机都有一个唯一的 IP 地址。IP 地址用一个 32 位二进制数表示，为阅读方便将其分成四组十进制表示，段与段之间用句点隔开。IP 地址分为两部分，一部分为网络地址，另一部分为主机地址。IP 地址分为 A、B、C、D、E 五类，常用的是 B 和 C 两类。

（2）域名。由于IP地址有时不便于记忆，因此用通俗易懂的域名来表示网址，其格式为：www.<用户名>.<二级域名>.<一级域名>。

（3）除了IP地址和域名地址外，互联网网址还有其他表示方式，如网络文件地址、电子邮件地址等。

五、计算机安全

随着计算机和网络的日益普及，计算机安全问题也受到人们的广泛关注。目前，计算机安全作为影响国家大局和战略利益的大问题，已受到各国政府的高度重视。

（一）影响计算机系统安全的主要因素

影响计算机系统安全的因素大概可以分为3个方面：计算机本身的、人为的和自然的。再具体细分，可以分为软件系统、硬件系统、环境因素和人为因素等几方面。

1. 软件系统

软件系统一般包括系统软件、应用软件和数据库3个部分。所谓软件，就是指用程序设计语言写成的机器能处理的程序，这种程序可能被盗窃或篡改。一旦意外发生，系统功能将被损害，甚至整个系统将会瘫痪。而且很多数据资料价值连城，如果遭到破坏，其损失难以预估。

2. 硬件系统

硬件是指除软件以外的所有设备，这些电子设备安全存取控制功能比较弱，而且最容易被破坏或盗窃。除此之外，信息或数据要通过通信线路在主机间或主机与终端及网络之间传送，在传送过程中也可能被截取。

3. 环境因素

电磁波辐射：由于计算机设备本身带有电磁波，因此极易受到外界电磁波干扰，特别是自身辐射带有信息，容易被外人接收或拦截，造成信息泄露。

辅助保障系统：水、电、空调中断或不正常都会影响系统的运行。

自然因素：水、电、火、地震、雷电、灰尘、强磁场、有害气体和电磁脉冲等危害。这些危害有的会损害系统设备，有的则会破坏数据，甚至毁掉整个系统和数据。

4. 人为因素

人为因素有两方面：一方面可能是人员技术素质差或发生操作失误，另一方面可能是恶意的违法犯罪行为。

（二）保证计算机安全的对策

（1）安装正版防火墙。

（2）防范间谍软件。

（3）不轻易共享文件夹。

（4）安装正版杀毒软件。

（5）尽可能使密码多样且复杂。

（6）定期备份重要的数据资料。

（7）不要随意浏览黑客网站或色情网站。

（8）不轻易下载来路不明的软件及程序。

任务三　会计电算化软件的应用

一、电算化会计核算基本流程

（一）编制记账凭证

编制记账凭证有多种方式可以采用。
（1）手工编制完成记账凭证后输入计算机。
（2）根据原始凭证直接在计算机上编制记账凭证。采用这种方式应当在记账前打印出会计凭证并由经办人签章。
（3）由财务处理模块以外的其他业务子系统生成会计凭证数据。

（二）凭证审核

"审核"就是对凭证数据标记上审核标志。审核凭证即审核人员按照会计制度，对制单人输入的会计凭证与原始凭证进行核对，审查认为有误的凭证应送制单人修改后再审核。对于审查无误的凭证，经审核人签章后，便可登记有关账簿，包括明细账、总账及相关辅助账。

> ☞ 提示
>
> 按照会计制度的规定，制单人与审核人不能是同一人，如果当前操作员为该凭证的制单人时，应当更换操作员，再进行审核记账工作。
> 　　凭证一旦被审核，就不能修改、删除，只有被取消审核后才可以进行修改或删除。

（三）记账

"会计凭证的记账"实现对已审核过的会计凭证进行批量或单张记账的功能。实际上"记账"也就是对凭证数据标记上记账标志，同时计算这些凭证所有分录所对应会计科目余额表的相应数据。审核完一张凭证后，可以立即记账，也可以以后再记账。

（四）结账和系统维护

期末结账及系统维护有"期末结账""财务数据检查""财务数据维护"等功能模块。"期末结账"是账务处理子系统中相当重要的一项功能，它用于结束某月的财务处理，在每个会计期间，只能进行一次期末结账。"期末结账"分为"年结账"和"月结账"，其功能有严格的时序限制。也就是说，"月结账"只能每月进行一次，"年结账"只能每年进行一次。

> ☞ 提示
>
> "财务数据维护"功能是在"财务数据检查"中出现问题或错误数据时，根据一定的算法实现数据的自动计算和纠错。

二、会计软件的基本功能及操作流程

会计软件是由许多子系统组成的，虽然不同公司开发的会计软件子系统不尽相同，各子系统的具体功能实现也有所差异，但是它们的基本操作流程和方法都是类似的。能够独立运行的会计软件的操作流程如下图所示。

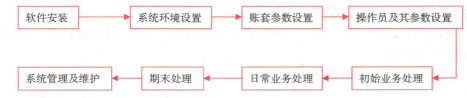

（一）系统运行环境及账套设置

一般情况下，系统运行环境的设置在安装会计软件前进行，也可以在安装后进行设置和修改。系统的运行环境包括会计软件所支持的数据环境、网络用户及数据库用户设置、数据库名称定义等内容。账套设置应在安装会计软件之后，正式使用之前，包括账套号、账套的名称、单位全称及简称、使用的会计制度类型、行业类型、会计主管、会计期间范围、启用会计期间、编码设置等。

（二）操作员权限及其设置

操作员及其权限设置用于设置使用会计软件的操作人员及其使用权限，包括用户组及其权限、用户及其权限的设置等。

（三）初始业务处理

初始业务处理就是进行基础档案设置及初始数据输入。设置基础档案就是把手工资料经过加工整理，根据本单位电算化管理的需要建立软件系统应用平台。这是手工业务的延续和提高。会计软件初始化是会计电算化中一项十分重要的工作，是整个会计电算化工作的基础，将直接影响会计电算化工作的质量和运作。

（四）日常业务处理

日常业务处理包括原始单据处理、汇总表查询打印及其他辅助功能。

（五）期末处理

期末处理一般由期末计算、期末自定义凭证生成、期末结账等组成。其中，最主要的功能是期末结账，即用于某会计月份或年份终了的核算处理。

（六）系统管理及维护

系统管理有操作权限修改、操作日志、账套输出、账套导入、年度数据输出、年度数据导入等功能。系统维护主要是在系统数据出现问题后，软件提供的自动解决问题功能，包括设置备份计划、清除异常任务等。

三、财务处理和会计报表子系统的基本功能

（一）财务处理子系统

作为财务软件的核心，财务处理系统既可以独立运行，又可以与其他系统集成应用。其主要功能包括初始设置、凭证处理、辅助核算、账簿查询和期末处理等。

（1）初始设置。根据本企业的需要，用户将建立相应的财务应用环境，将通用的财务处理子系统变成适合本单位实际需要的专用系统。初始设置主要包括设置会计科目、凭证类型、币种及汇率、结算方式、辅助核算档案及输入期初数据等。

项目七 初级会计电算化技能

（2）凭证处理。凭证处理的功能包括凭证的输入、复核、记账、查询、打印及常用凭证定义等。通过严密的制单控制保证填制凭证的正确性，通过提供支票控制、外币折算误差控制等功能，加强对发生业务的及时管理和控制。

（3）辅助核算。辅助核算提供科目的辅助核算功能，主要包括部门核算、项目核算、数量核算和外币核算等。

（4）账簿查询。可查询的账簿包括分类账、科目余额表、科目汇总表、凭证汇总表及辅助账表。

（5）期末处理。期末处理通过提供灵活的自定义转账功能满足各类转账工作的需要，可进行试算平衡、对账、结账等工作。

（二）会计报表子系统

会计报表子系统一方面提供了财务会计制度所要求的规范性对外会计报表模板，另一方面也提供了让用户根据需求自定义各种对内管理用报表的功能。会计报表子系统不仅可以对各种会计报表进行定义和编制，也可以进行报表分析和报表汇总。其主要功能包括以下几种。

（1）文件管理。该功能除了可完成一般的文件管理工作外，还能够将数据文件转换成不同的文件格式。

（2）格式设计。会计报表子系统的格式设计包括设置表的行数和列数，进行单元格合并，画表格线，调整行高和列宽，设置单元格属性等。同时，会计报表子系统还预置了标准的财务报表模板。

（3）公式定义。通过单元公式定义的功能，可以方便、迅速、精准地定义计算公式、审核公式、舍位平衡公式。此外，会计报表子系统还提供了丰富的函数，使用户可在系统向导的引导下轻松地定义公式，从其他系统中提取数据，生成财务报表。

（4）数据处理。会计报表子系统提供报表的计算、审核、舍位平衡、外部数据引入等功能。

（5）报表输出。会计报表子系统提供报表的打印设置、打印、传输、导出等功能。

知识拓展

会计软件各子系统间的联系：一个完整的会计软件的各个子系统之间是相互作用、相互依赖的，可共同完成会计信息的反映、控制和监督职能。当各个子系统单独使用时，子系统所需的数据需要通过人工输入的方式输入计算机。当整个会计软件集成在一起使用时，为了提高系统的效率，各子系统除了共用相同的各种编码、操作员、会计期间、账套等基础数据外，子系统之间还有一定的数据联系，这种联系主要是通过凭证传递进行的。

课后练习

一、单项选择题

1. 会计信息化俨然成了会计业务发展的大趋势，会计电算化是会计信息化进程的（　　）阶段。

A. 初级　　　　　　B. 中级　　　　　　C. 高级　　　　　　D. 最终

2. 下列选项中，不属于我国会计电算化发展趋势的是（　　）。
A. 软件管理与管理组织措施日趋结合
B. 向"管理一体化"方向扩展
C. 会计电算化的开展与管理日益向个性化发展
D. 单位会计电算化与行业会计电算化相互渗透、促进
3. 在会计电算化中，（　　）是基础。
A. 手工会计人才　　　B. 手工会计资料　　　C. 会计电算化人才　　　D. 会计软件
4. 计算机存储容量的基本单位是（　　）。
A. 二进制位　　　B. 字节　　　C. 字　　　D. 字符
5. 微机的中央处理器 CPU 由（　　）构成。
A. CPU 和控制器　　　B. 运算器和控制器　　　C. CPU 和存储器　　　D. 硬盘和内存
6. （　　）是计算机系统中的记忆设备，也是计算机各种信息存放和交流中心。
A. 控制器　　　B. 中央处理器　　　C. 存储器　　　D. 运算器
7. 清除计算机病毒首先应考虑（　　）。
A. 更换硬盘　　　B. 杀毒软件　　　C. 格式化　　　D. 用无毒盘复制备份
8. 财务系统第一次投入使用时也有类似的建账工作，这就是（　　）。
A. 设置凭证类别　　　B. 设置账套　　　C. 设置会计科目　　　D. 系统初始设置
9. 下列各项中，不属于报表格式设计内容的是（　　）。
A. 定义报表尺寸　　　B. 调整行高列宽　　　C. 计算公式　　　D. 设置字体
10. 报表系统的主要功能是（　　）。
A. 报表初始化、数据处理
B. 数据处理、打印输出
C. 表样定义、数据处理、打印输出
D. 报表初始化、数据处理、打印输出

二、多项选择题

1. 下列选项中，属于会计电算化意义的有（　　）。
A. 促进会计队伍素质的提高
B. 提高会计工作效率
C. 改进会计核算方法
D. 为整个管理工作现代化奠定基础
2. 下列选项中，属于会计核算软件与手工会计核算区别的是（　　）。
A. 会计信息载体不同
B. 账务处理流程不同
C. 人员机构不同
D. 系统目标不同
3. 按照会计电算化的服务层次和提供信息的深度，可以分为（　　）不同的发展阶段。
A. 会计核算电算化
B. 会计管理电算化
C. 会计决策电算化
D. 会计职能电算化
4. 计算机的性能指标包括（　　）。
A. 计算机速度　　　B. 字长　　　C. 体积大小　　　D. 存储容量
5. 计算机网络所具有的基本功能是（　　）。
A. 通信应用　　　B. 共享硬件资源　　　C. 共享软件资源　　　D. 共享数据资源
6. 下列选项中，属于计算机工作原理内容的是（　　）。
A. 用二进制形式表示数据和命令
B. 规定了计算机五大基本部件的基本功能
C. 可以像处理数据那样对指令加以处理
D. 确立了计算机五大部件

7. 账套设置的内容包括（   ）。
   A. 账套号　　　　　　B. 单位全称及简介　　C. 会计期间范围　　D. 输入期初数据
8. 结账前要进行的检查包括（   ）。
   A. 检查本月业务是否全部记账，有未记账凭证不能结账
   B. 检查上月是否已结账，若上月未结账，则本月不能结账
   C. 核对总账与明细账、主体账与辅助账、总账系统与其他子系统的数据是否达到一致，若不一致，则不能结账
   D. 月末结转必须全部生成并记账，否则本月不能结账
9. 日常业务处理的任务主要包括（   ）。
   A. 填制凭证　　　　　B. 编制报表　　　　　C. 记账　　　　　　D. 审核凭证
10. 下列关于编制记账凭证的说法中，正确的有（   ）。
    A. 可以根据原始凭证直接在计算机上编制记账凭证
    B. 可以由财务处理模块以外的其他业务子系统生成会计凭证数据
    C. 手工编制记账凭证，应在记账前打印出会计凭证并由经办人签章
    D. 可以在手工编写完记账凭证后输入计算机

三、判断题

1. "会计电算化"一词是1981年在长春市召开的"财务、会计成本应用电子计算机专题讨论会"上正式提出的。　　　　　　　　　　　　　　　　　　　　　　　（   ）
2. 在手工会计核算中，需要根据企业规模、会计业务繁简程度，选择不同的财务处理程序，而实现会计电算化后，则不存在此问题。　　　　　　　　　　　　　（   ）
3. 狭义的会计电算化仅指使用电子计算机替代手工会计记账的产物。　　（   ）
4. 计算机能够直接识别和执行汇编语言。　　　　　　　　　　　　　　（   ）
5. 键盘、鼠标和显示器是计算机必备的输入输出设备。　　　　　　　　（   ）
6. 内存容量在很大程度上决定了计算机的运行速度。　　　　　　　　　（   ）
7. 专用会计核算软件在研发过程中只考虑某一单位会计处理的特殊性，难以适用于其他单位的会计工作。　　　　　　　　　　　　　　　　　　　　　　　　　（   ）
8. 原始单据处理属于初始业务处理。　　　　　　　　　　　　　　　　（   ）
9. 在会计报表子系统中，进行数据处理时不可以随意引入外部数据。　　（   ）
10. 在手工会计核算中，需要根据企业规模、会计业务繁简程度，选择不同的财务处理程序，而实现会计电算化后，则不存在此问题。　　　　　　　　　　　　（   ）

项目八

计算机开票及网络报税技能

知识目标

- 了解防伪税控系统的工作原理。
- 熟悉防伪税控系统的主要职能。
- 掌握计算机开票系统设置。
- 掌握计算机开票系统日常开票。

技能目标

- 正确填写增值税普通发票与专用发票。
- 能及时到税务机关认证增值税进项发票。
- 能够以规范的形式进行发票的一些日常操作。

素质目标

培养学生具备诚实守信、严谨细致、廉洁自律、文明服务的良好职业道德素质。

项目八　计算机开票及网络报税技能

知识导图

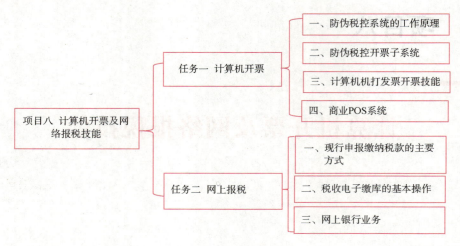

任务一　计算机开票

随着计算机的广泛普及，尤其是国际互联网的发展，人们在各种社会生活和经济管理活动中对于计算机的依赖程度越来越高。然而，充分利用计算机对日常的业务工作进行管理的优点也是显而易见的：实现无纸化办公，降低成本，顺应社会的发展趋势；处理过程相对透明、可监控性强；人员协同工作可以减少重复性劳动，如单据的重复填写，同时可以对人员处理的动作和细节进行记录，便于日后的查询、检索、统计及业绩的考核；敏感信息可以得到有效的控制，与其他应用接口实现更高层次的管理。

由于控管发票的推行很不普遍，各地方的做法又不尽相同。下面仅站在企业的角度，重点介绍防伪税控系统基本原理和网上报税的相关知识。

一、防伪税控系统的工作原理

（一）防伪税控系统的组成

防伪税控系统是由税务端和企业端两个部分组成的，到目前为止共有六个子系统。在税务端中使用的子系统包括：税务发行子系统、企业发行子系统、发票发售子系统、报税子系统及认证子系统；在企业端使用的则是开票子系统。

税务发行子系统如下图所示。

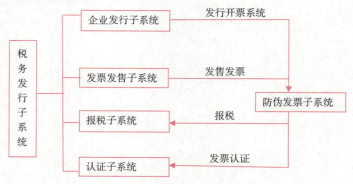

（二）防伪税控子系统的主要基本功能

1. 税务发行子系统

税务发行子系统的主要功能是对下级税务机关所使用的税务发行子系统、企业发行子系统、发票发售子系统、认证子系统和报税子系统进行发行。

2. 企业发行子系统

企业发行子系统主要功能是用于税务机关对企业防伪开票子系统所用的税控设备进行初始发行。

3. 发票发售子系统

发票发售子系统的主要功能是向企业开票子系统发售专用发票。发票发售子系统在向企业销售纸质发票的同时，把相应发票的电子信息写入企业税控 IC 卡中。

4. 报税子系统

报税子系统的主要功能是接受并审核企业的报税数据，对所辖企业进行已报税和未报税信息查询统计，并向稽核系统传出数据。

5. 认证子系统

认证子系统的主要功能是用于对企业取得的增值税专用发票的抵扣联进行真伪认证。利用高速扫描仪自动采集发票上的密文和明文图像，通过字符识别技术将图像转换成数据，然后对发票密文进行解密，并与发票明文进行比对，进而来判别发票的真伪。

6. 企业端的开票子系统

企业端的开票子系统是企业开具增值税专用发票的系统。

> **知识拓展**
>
> 为了用高科技手段解决利用增值税专用发票偷税骗税，航天信息研制成功了增值税防伪税控系统。该系统是国家金税工程的重要组成部分。通过运用数字密码和电子存储技术并强化专用发票的防伪功能，做到成功遏制利用增值税专用发票偷税、漏税的现象。该系统是可防止税款流失并实现对增值税一般纳税人税源监控的计算机管理系统。防伪税控系统的发明、推广和使用极大地增加了国家税收，并已成为我国税收征管强有力的手段之一。

二、防伪税控开票子系统

（一）防伪税控开票子系统的组成与主要功能

防伪税控开票子系统运行在企业端，它的主要功能包括对税控金税卡与 IC 卡进行管理、开具带有防伪电子密码的增值税专用发票、抄税，以及对发票资料的查询统计、报表输出等。它既简化了开票工作人员的工作，又能与其他子系统密切配合，从而有效地杜绝了增值税的偷税漏税现象，防伪控税开票系统主要由通用设备、专用设备、开票软件 3 部分构成。

（二）防伪税控开票系统基本操作程序

1. 购买、开具发票

购买发票：企业持 IC 卡到税务机关对发票进行购买。

读入发票：将 IC 卡上的发票号码读入开票系统。

填写发票：在开票系统中填开打印发票。

2. 防伪与计税

发票上的主要信息加密生成84位密文；并在打印发票的同时将主要信息逐票存入金税卡黑匣子中。由于每张发票都是唯一的，因此系统采用了国际上先进的加密算法和密码机制，确保每天开票机开具的每张增值税专用发票的密码都是唯一的，并且与每张发票上的各项参数都对应。

3. 辨别真伪

认证发票的过程为用扫描仪将整张票面（明文与密文）扫入计算机，认证系统将密文解密后与发票上的明文比较，有一项不符合即为假发票。

4. 申报纳税

为了达到防伪控税系统对增值税专用发票税额监控的目的，每次打印发票时，开票子系统都将发票的交易金额、税额、流水号及发票的使用情况记录在税控设备的"黑匣子"中。

每月抄报税时，企业必须利用税控IC卡抄取黑匣子中的报税数据，并按时进行报税。如果企业抄税后未能及时申报，在报税起始日后的10日内仍能开发票，但过了此期限后金税卡就会被锁死，无法进行开票，必须报税成功后才能解锁恢复正常。

> ☞ **知识链接**
>
> **增值税防伪税控系统适用范围**
>
> 国家税务总局规定，自1996年1月1日起，取消百万元版、千万元版增值税专用发票，凡一次开票其销售额达到百万元以上的增值税一般纳税人，均纳入防伪税控系统，开具计算机版发票；自2000年1月1日起，手写十万元版增值税专用发票停止使用，凡一次开票其销售额达到十万元以上的增值税一般纳税人，以及被认定为增值税一般纳税人的国有粮食购销企业的粮食销售业务，均纳入防伪税控系统，开具计算机版发票。
>
> 根据以上规定，在增值税一般纳税人中，凡一次开票销售额达到十万元上的企业，均应纳入增值税防伪税控系统，一次开票销售额达不到十万元以上的增值税一般纳税人经主管税务机关审批同意，也可纳入增值税防伪税控系统。

三、计算机机打发票开票技能

普通发票控管系统，是一个以普通发票存根联数据库为核心的普通发票控管开具和普通发票管理系统，它能够实现普通发票的防伪开具、全面报送查验、票表稽核等功能，对普通发票使用过程的各个环节进行全面有效的控制，最大限度地遏制社会违法现象的发生。

普通发票控管系统包括企业端和税务端，企业端由软件和硬件两部分组成，即由普通发票控管开具软件、计算机和针式打印机组成。一般纳税人使用普通发票控管系统开具普通发票，并在每月报税时把发票信息报送到税务局的数据库中，通过普通发票公众查验系统（电话或上网）对发票信息的真实性进行核实，通过对普通发票管理系统和报送的发票进行票表核查比对。

四、商业 POS 系统

(一) 商业 POS 系统的基本组成

商业 POS 系统的基本组成如下图所示。

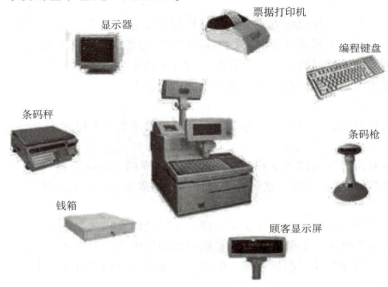

(二) POS 打印机的选购

微型打印机广泛使用在各个行业，如仪器仪表、超级市场、便利店、邮政、银行、烟草专卖、公用事业抄表、移动警务系统等。现在市面上有很多种微型打印机，它们都有自己的适用范围。下面简单介绍微型打印机的几个类别。

从用途分类：可以分为专用微型打印机、通用微型打印机。所谓专用微型打印机，是指用于特殊用途的微型打印机，如专业条码微打、专业证卡微打等，这些微型打印机通常需要专业的软件或驱动程序进行支持，或者只能配套一种或几种特殊的设备才能工作；通用的微型打印机使用的范围比较广，可以支持很多种设备的打印输出，很多所谓的印表机也是通用的微型打印机。

从打印方式分类：可以分为针式微型打印机、热敏微型打印机、热转印微型打印机等。针式微型打印机采用的打印方式是打印针撞击色带将色带的油墨印在打印纸上。热敏的方式是用加热的方式使涂在打印纸上的热敏介质变色。热转印是将碳带上的碳粉通过加热的方式将碳粉印在打印纸上，目前除了条码打印机和车票打印机外，在其他领域国内很少使用。另外，还有微型字模打印机，这种打印机多用在出租车上。

从数据传输方式分类：可以分为无线微型打印机和有线微型打印机。无线微型打印机是利用红外或蓝牙技术进行数据通信，有线微型打印机是通过串行或并行的方式进行数据通信，通常无线微型打印机都带有串口或并口，可以通过有线的方式进行数据通信。

以上介绍了几种不同打印机的分类，但在现实选购中仍然会存在很多疑问，下面介绍在打印机选购过程中需要注意的其他事项。

1. 打印字符集

用户需要的字符集可能并不完全一样，有的只需要数字，有的需要英文，有的需要汉

项目八 计算机开票及网络报税技能

字,选购时要注意选择自己需要的字符集。

2. 外形尺寸及重量

如果是放在固定地方的打印机,那么只要空间足够,打印机的尺寸和重量都不必过多考虑,如果要求便于携带,就必须考虑外形尺寸及重量。

3. 电源

现在微型打印机有两种供电方式,一种是使用外接稳压电源,另一种是采用充电电池,如果是采用稳压电源,电源质量要高,如果是采用充电电池,就要考虑到充电电池的寿命,如果一次充电可以使用的时间太短,那么电池的寿命必定会缩短。如果电池不便于拆卸,那么在户外若电池的电量耗光,打印机就没办法使用了。

4. 卷纸大小

如果用户使用频繁,那么要考虑卷纸的大小,频繁地更换卷纸很浪费时间。

5. 打印宽度和打印的数据量

打印宽度最好用每行打印的字符数来衡量,如同样的 57mm 纸宽,多的可以打印 24 个字符,少的只能打印 10 个字符,这就需要根据用户的需求来确定选用哪一种。

6. 耗材

热敏打印机和针式打印机用的耗材不一样,所以同样直径的一卷纸,热敏打印纸长,但贵,针式打印机用的纸短,但便宜,如果根据打印同样的数据量来看,两者在打印纸上的消耗差不多,但针式打印机还要消耗色带,所以,总体来说,热敏打印机消耗的耗材要便宜。

7. 使用的方便性

使用的方便性可能是很多选购者会忽略的问题,它主要表现在各种 LED 灯指示、声音提示、按键功能设计、换纸(热敏打印机在这方面可能具有优势,现在很多热敏打印机都采用蛤壳式装纸方式,可以非常简单快速地换纸,而针式打印机由于打印机芯原理上的限制,无法做到这一点),这些都要使用者自己来体会。

8. 其他特殊要求

用户可能还会有一些特殊要求,如能打印条码、打印图形等,可以在不同厂商的不同产品中进行选择。

(三)条码分类常识

条码是由一组按一定编码规则排列的条、空符号,用以表示一定的字符、数字及符号组成的信息。条码系统是由条码符号设计、制作及扫描阅读组成的自动识别系统。条码种类很多,常见的有 20 多种码制,目前国际上广泛使用的条码种类有 EAN、UPC 码(商品条码,用于在世界范围内唯一标识一种商品。在超市中最常见的就是这种条码)、Code39 码(可表示数字和字母,在管理领域应用最广)、ITF25 码(在物流管理中应用较多)、Codebar 码(多用于医疗、图书领域)、Code93 码、Code128 码等。其中,EAN 码是当今世界上广为使用的商品条码,已成为电子数据交换(EDI)的基础;UPC 码主要为美国和加拿大使用;在各类条码应用系统中,Code39 码因其可采用数字与字母共同组成的方式而在各行业内部管理上被广泛使用;在血库、图书馆和照相馆的业务中,Codebar 码也被广泛使用。

EAN 码是国际物品编码协会制定的一种商品用条码,通用于全世界。EAN 码符号有标准版(EAN-13)和缩短版(EAN-8)两种,我国的通用商品条码与其等效。人们日常购买的商品包装上所印的条码一般就是 EAN 码。

任务二 网上报税

UPC码是美国统一代码委员会制定的一种商品用条码,主要用于美国和加拿大地区,一般在美国进口的商品上可以看到。

商业POS系统的操作比较简单,具备基本的计算机操作技能即可完成,这里不再赘述。

任务二 网上报税

网络报税即远程报税系统,它是以增值税防伪税控系统软件为基础的,由企业用户使用开票金税卡或USB远程报税器自行完成抄报税操作,将报税数据通过网络传输到税务机关,由税务机关完成解密、比对工作,最后再取得报税处理的结果信息,并进行清卡操作,完成整个报税过程,非常方便快捷。

远程报税系统包括企业端和税务端两个部分。远程报税系统企业端首先需要一台能够接入互联网的计算机;其次,这台计算机必须安装好USB远程报税器或开票金税卡;最后,这台计算机还需要安装远程报税企业端软件。远程报税系统税务端包括位于外网的公网服务器、税局内网的报税服务器及报税工作站。

一、现行申报缴纳税款的主要方式

(1)在法定的纳税申报期内,由纳税人自行计算、自行填开缴款书并向银行(国库经收处)缴纳税款,然后持纳税申报表和有关资料,并附盖有经收款银行收讫税款印戳的缴款书报查联,向主管税务机关办理申报。这种方式简称"自核自缴"。采用这种方式既方便了纳税人,又减轻了税务机关填开税票的工作量。但必须在保证纳税人能正确计算税款并使用预算科目和预算级次的前提下。

(2)纳税人在主管税务机关指定的银行开设"税款预储账户",按期提前储入当期应纳税款,并在法定的申报纳税期内向主管税务机关报送纳税申报表和有关资料,由主管税务机关通知指定银行划款入库。

(3)在法定的纳税申报期间,纳税人自行填写纳税申报表,并携带其他有关纳税资料,向主管税务机关办理申报纳税,由主管税务机关开具完税凭证,交由纳税人向银行缴纳税款。

(4)在法定的申报纳税期内,纳税人持纳税申报表和有关资料以及应付税款等额支票,报送主管税务机关;主管税务机关归集报缴数字清单、支票,统一交由作为同城票据交换参与单位的国库办理清算。

对于未在银行开立账户的纳税人,可按现行办法在办理申报纳税时以现金结算税款,提倡并逐步推行使用信用卡。

二、税收电子缴库的基本操作

(一)税收电子缴库概述

税收电子缴库是基于税、库、行已实现联网的条件下,对税款征收业务的处理直接依据电子信息完成税款收缴、上解、入库的过程。税务、国库和银行对税款征收业务的处理直接依据经发送方审核确认后的税款电子信息，不再使用原开具的纸质完税凭证，税务、国库经收处和国库依据税款电子信息记账核算。其主要内容是税、库、行信息一体化和征税无纸化。

实行税收电子缴库，符合国家金税工程三期的总体思路，进一步方便了纳税人，避免了纳税人为缴纳税款奔波于国税局与银行；同时也减少了税、库、行三个部门的手工操作，节约了经济成本和人力成本，提高了各部门的经济和社会效益，实现了税款的及时入库。

税收电子缴库的总体设计为：国税局根据申报信息等产生缴税信息，并通过税行专线传递至人民银行，连入同城电子清算网络，再由人民银行通过与各商业银行间的信息传输网络通知各商业银行进行扣款，各商业银行将扣缴税款回单打印交付纳税人，并将扣款信息反馈人民银行，由人民银行与国税局进行对账，实现以人民银行为中心点的税、库、行三方网络一体化。

（二）税收电子缴库的适用范围

税收电子缴库目前暂适用于市区范围内非个体纳税人正常申报税款、清缴欠税、查补税款、加收滞纳金、预缴税款、预提所得税、缓缴税款等。这里所说的税收电子缴库不适用于采取网上银行方式缴纳税款的纳税人。

（三）纳税人操作步骤

1. 网上申报

①登录"网上申报系统"。纳税人登录××市国税局网站，进入该系统，输入税号和密码，单击"登录"按钮。

②网上申报。纳税人在网上申报系统在线填写纳税申报表及附表，并进行纳税申报。

③电子缴库。在选择申报税种单击"申报"按钮后，纳税人可选择何时缴纳税款，如果选择在申报后立即缴纳税款，那么单击"确定"按钮；如果纳税人不选择申报后立即缴纳税款，那么单击"取消"按钮，纳税人可以退出网上申报系统。如果纳税人不选择在申报后立即缴纳税款，那么应在申报期满前一日再次登录进入"网上申报系统"，单击左边菜单中的"电子缴库"按钮，在系统出现下一个页面后选择税种，单击"缴款"按钮。

> ☞ **提示**
>
> 需要注意以下几点。
>
> （1）纳税人在进入"电子缴库"模块单击"缴款"按钮的当日必须保证自己的缴税账户余额不少于当期申报应纳税款。
>
> （2）若纳税人在申报期最后一日进行网上申报，则不能选择，必须在申报后立即进入"电子缴库"模块进行缴款确认。
>
> （3）若纳税人已单击"缴款"按钮，则当期申报税款已进入电子缴库的扣划过程，此时，纳税申报不可撤销。因此，请在确认纳税申报无误后再单击"缴款"按钮。

④退出。单击"缴款"按钮后，系统出现新的页面，再单击"确认"按钮，出现另一页面，在选择的税种后提示"已提出缴税申请"，此时，纳税人退出网上申报系统即可。

⑤电子缴库查询。纳税人在网上申报系统确认缴纳税款后，可在 2 日后进入网上申报系统单击左边的"电子缴库查询"按钮查询缴纳情况。

2. 清理欠税

纳税人持税源管理中心、稽查局开具的清理欠税通知书到办税服务中心要求缴纳欠税，由办税服务中心进行受理和输入，无须取得税收通用缴款书（税票）。纳税人在办税服务中心办理的当日必须保证自己的缴税账户余额不少于应清理的欠税金额和应加收的滞纳金之和。

3. 查补税款

纳税人收到稽查局、税源管理中心的税务处理决定书并填写送达回证即可。纳税人在送达回证的当日必须保证自己的缴税账户余额不少于应补税款和应加收的滞纳金之和。

4. 滞纳金

纳税人有未按规定期限缴纳税款情形的，依法需缴纳滞纳金，无须到国税局办理任何手续。纳税人在实际缴纳滞纳税款的当日必须保证自己的缴税账户余额不少于应纳滞纳金（应纳滞纳金＝滞纳税款×滞纳天数×万分之五，其中，滞纳天数自滞纳税款之日起至实际缴纳税款之日止）。

5. 大户预缴税款、延期申报预缴税款

纳税人只需持预缴税款通知书或延期申报申请审批表到办税服务中心，由办税服务中心受理和输入。纳税人到办税服务中心办理的当日必须保证自己的缴税账户余额不少于应预缴的税款。

6. 稽查补税预缴税款

纳税人只需持稽查补税开票通知书到办税服务中心，由办税服务中心受理和输入。纳税人在办税服务中心办理的当日必须保证自己的缴税账户余额不少于应预缴的税款。

7. 预提所得税

纳税人只需持扣缴外国企业所得税申报表到办税服务中心，由办税服务中心受理和输入。纳税人在办税服务中心办理的当日必须保证自己的缴税账户余额不少于应纳税款。

8. 缓缴税款

为保证税款及时准确入库，纳税人应在批准的缓缴期限到期前1日持延期缴纳税款申请审批表到办税服务中心办理有关手续。纳税人在批准缓缴期限届满之日必须保证自己的缴税账户余额不少于应纳税款。

三、网上银行业务

（一）网上银行业务概述

网上银行业务是指银行通过因特网提供的金融服务。人民银行负责对银行开办网上银行业务实施日常监督、现场检查和非现场监管。2001年7月10日中国人民银行发布实施《网上银行业务管理暂行办法》（以下简称《办法》）。《办法》规定，银行机构在我国境内开办网上银行业务，应在开办前向人民银行提出申请，经审查同意后方可开办。政策性银行、中资商业银行（不包括城市商业银行）、合资银行、外资银行、外国银行分行开办网上银行业务，应由其总行统一向人民银行总行申请。城市商业银行开办网上银行业务，应由其总行统一向人民银行当地分行、营业管理部申请。

网络银行迅速发展，究其原因主要有3个：①有助于降低经营成本。在银行经营开支中，以工资和租金占最大比重，网上银行服务则通过计算机处理客户需求，无须依赖密集的分行网络，还可节省大量人力资源，符合成本效益。②网上银行服务的潜在发展客户队伍庞大。由于无须理会时间及地域限制也可处理银行交易，客户可随时随地处理网上个人财务，

因此特别吸引拥有个人计算机的客户和高级行政人员。③网上银行更可打破地域界限，因此对于在海外没有分行网络的银行来说，非常具有实效。网上电子银行这一特点有利于这些银行在海外取得突破性的发展，特别是已树立名牌效应的银行、有口碑的银行。

（二）业务操作

业务操作程序包括以下几点。

（1）在××银行开立账户，填写《××银行网上"企业银行"服务协议》和《××银行网上"企业银行"申请表》，提交××银行任一网点审查核准。

（2）××银行客户服务中心为企业开通网上企业银行用户，向客户分发系统管理密码信封、IC卡密码信封等。

（3）用户到开户行网点领取开户资料，数字证书卡及其读写器，预约客户经理提供培训和安装服务。

（4）进行业务前准备及系统设置，下载安装程序。局域网代理服务器的用户可能需要进行通信参数的设置；数字证书卡用户宜先安装数字证书卡读写器及其驱动程序，再测试数字证书卡及读写器；最后，各类用户从××银行网页上下载安装企业银行程序即可。

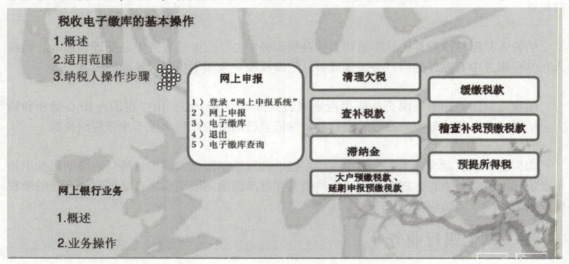

课后练习

一、选择题

1. 防伪税控企业用专用设备包括（　　）。
   A. 金税卡　　　　B. 安全卡　　　　C. 税控IC卡　　　　D. 小读卡器

2. 防伪税控（开票）系统的核心是金税卡，每台计算机内允许插（　　）块金税卡。
   A. 1　　　　　　B. 2　　　　　　C. 3　　　　　　　D. 4

3. 新纳入防伪税控系统的企业，在系统使用后（　　）日内将启用尚未使用的专用发票（包括误填作废的专用发票）报主管税务机关缴销。
   A. 7　　　　　　B. 8　　　　　　C. 9　　　　　　　D. 10

4. 在开票系统中，通过发票下载的数据是（　　）。

A. 发票进项和发票销项数据　　　　B. 客户编码和商品编码
C. 发票销项数据　　　　　　　　　D. 发票进项数据

5. 上传日志中，命令1代表的含义是（　　）。
A. 取发票明细结果　　　　　　　　B. 上传发票明细
C. 企业参数下载　　　　　　　　　D. 企业离线信息下载

6. 防伪税控各子系统的金税卡口令写在（　　）中。
A. 金税卡　　　B. IC卡　　　C. 二进制文件　　　D. 加密文本文件

7. 防伪税控系统的专用设备中，（　　）经过发行后就是一一对应的关系。
A. IC卡与读卡器　　　　　　　　　B. 读卡器与金税卡
C. 金税卡与IC卡

8. 数据编辑操作是指对数据的（　　）操作。
A. 增加　　　B. 删改　　　C. 修改　　　D. ABC都是

9. 防伪开票子系统是由（　　）构成的。
A. 计算机、打印机、开票软件　　　B. 通用设备、专用设备、开票软件
C. 金税卡、IC卡、开票软件　　　　D. 金税卡、IC卡读卡器、IC卡

10. 一机多票开票子系统V6.13中，企业需要开具红字专用发票时，以下流程正确的是（　　）。
A. 企业开具申请单→税务机关开具通知单→企业开具红字发票
B. 税务机关开具通知单→企业开具申请单→企业开具红字发票
C. 企业开具红字发票→企业开具申请单→税务机关开具通知单
D. 企业开具申请单→企业开具红字发票→税务机关开具通知单

二、简答题
1. 防伪税控企业开票系统出现故障时，应如何进行处理？
2. 如何加强对增值税专用发票的管理及做好报税工作？

参考文献

[1] 陈世文. 会计技能训练 [M]. 广州：华南理工大学出版社，2010.
[2] 王晓辉. 会计基本技能教程 [M]. 北京：北京理工大学出版社，2015.
[3] 黄永华. 小企业会计基本技能与实训 [M]. 北京：原子能出版社，2009.
[4] 吕智娟. 会计基本技能 [M]. 长沙：中南大学出版社，2014.
[5] 李劲松. 会计基本技能习题集 [M]. 武汉：武汉大学出版社，2011.
[6] 许桂娉. 会计基础技能实训 [M]. 天津：天津大学出版社，2012.
[7] 陈月波. 电子支付与网上金融 [M]. 北京：中国财政经济出版社，2009.
[8] 魏晓玲，王立朋. 会计基本技能 [M]. 石家庄：河北科学技术出版社，2012.
[9] 刘倩. 基础会计 [M]. 北京：北京理工大学出版社，2017.
[10] 牛运盈. 新编会计基础 [M]. 北京：中国纺织出版社，2015.
[11] 朱君玲. 基础会计 [M]. 济南：山东科学技术出版社，2016.
[12] 刘蓉，温璿. 会计基础习题与实训 [M]. 重庆：重庆大学出版社，2016.
[13] 顾全根. 基础会计 [M]. 北京：中国商业出版社，2005.
[14] 张茜. 会计企业实训 [M]. 北京：北京理工大学出版社，2016.
[15] 张艳玲. 会计基本技能个人实训手册 [M]. 武汉：华中科技大学出版社，2018.
[16] 黄友，曾海帆. 会计基础 [M]. 北京：经济科学出版社，2018.
[17] 罗贝加. 全图解！真账实操教你学会计 [M]. 北京：中国铁道出版社，2018.
[18] 袁艳红. 会计基本技能实训教程 [M]. 上海：立信会计出版社，2016.
[19] 高杉. 会计基本技能学习指导书 [M]. 上海：立信会计出版社，2015.
[20] 王旗红，贾海峰. 会计职业基础实训 [M]. 北京：人民邮电出版社，2015.
[21] 刘树海. 会计基本技能 [M]. 北京：中国人民大学出版社，2014.
[22] 吴韵琴. 基础会计操作技能实训 [M]. 北京：中国人民大学出版社，2013.
[23] 陈文铭. 基础会计习题与案例 [M]. 大连：东北财经大学出版社有限责任公司，2018.
[24] 李洛嘉. 新编会计基础 [M]. 成都：西南财经大学出版社，2013.
[25] 游秋琳. 新编会计基础项目实训 [M]. 成都：西南财经大学出版社，2013.
[26] 王秀贵，雷红. 新编会计学基础 [M]. 大连：大连理工大学出版社，2009.
[27] 陈圆，肖仁伟. 会计实务模拟 [M]. 北京：中国人民大学出版社，2018.